VOLUME 58

POPULATION
ÉDITION FRANÇAISE

POPULATION • F
Numéro 2 – 2003

MARS-AVRIL

INSTITUT NATIONAL D'ÉTUDES DÉMOGRAPHIQUES
133, boulevard Davout, 75980 PARIS Cedex 20 France
Tél. : 33 (0)1 56 06 20 00 – Fax : 33 (0)1 56 06 21 99
http://www.ined.fr

ISBN 2-7332-3042-5   ISSN 0032-4663

Avertissement

Les Éditions de l'Ined se réservent le droit de reproduire et de représenter les textes qu'elles publient sous quelque forme que ce soit : réimpression, traduction, ou édition électronique au moyen de tout procédé technique et informatique actuel ou futur. Ce droit porte sur tous les modes de transmission : réseaux propriétaires, réseaux publics (type Internet) et supports de type CD-Rom, CDI ou DVD par exemple. En conséquence, les Éditions de l'Ined engageront les actions nécessaires contre les auteurs d'éventuelles reproductions non autorisées.

Population 2003, n° 2 — 290e livraison
Directeur : François Héran
N° d'inscription à la commission paritaire : 0904 B 05407
Imprimé par Jouve, 18, rue Saint-Denis, 75001 PARIS
Dépôt légal juillet 2003
N°329560S

Fondateur : Alfred Sauvy

Directeur de la publication : François Héran

Rédacteurs en chef :
Michel Bozon . Ined, Paris, France
Éva Lelièvre . Ined, Paris, France
Francisco Munoz-Pérez . Université de Picardie, Amiens, France

Éditeur délégué (édition anglaise) : Etienne van de Walle . Université de Pennsylvanie, États-Unis

Assistante de rédaction (édition française) : Catherine Guével

Comité de rédaction

Didier Blanchet . Insee, Paris, France
Martine Corijn . Institut scientifique flamand, Bruxelles, Belgique
Cécile Lefèvre . Insee/Ined, Paris, France
Jean-Marie Robine . Inserm, Montpellier, France
Paul-André Rosental . EHESS, Paris, France
Gustavo De Santis . Université de Messine, Italie
Dominique Tabutin . Université de Louvain-la-Neuve, Belgique

Comité international

Alexandre Avdeev . Université d'État de Moscou, Russie
Jorge Bravo . Celade, Santiago, Chili
Monica Das Gupta . Banque mondiale, Washington, États-Unis
Nico Keilman . Université d'Oslo, Norvège
Marianne Kempeneers . Université de Montréal, Canada
Ron Lesthaeghe . Université libre de Bruxelles, Belgique
Cheikh Mbacké . Fondation Rockefeller, Nairobi, Kenya
Máire Ní Bhrolcháin . Université de Southampton, Royaume-Uni
Manuel Ordorica Mellado . El Colegio de México, Mexique
Jürgen Schlumbohm . Institut Max-Planck, Göttingen, Allemagne
John Wilmoth . Université de Californie, Berkeley, États-Unis

Édition

Coordination des traductions : Linda Sergent
Révision des textes anglais : Godfrey I. Rogers
Assistante d'édition : Françoise Milan
Infographie et couverture : Nicole Berthoux

SOMMAIRE

J. JOHNSON-HANKS	—Éducation, ethnicité et pratiques reproductives au Cameroun	171
A. DÉSESQUELLES, N. BROUARD	—Le réseau familial des personnes âgées de 60 ans ou plus vivant à domicile ou en institution	201
M. BARBIERI, C. CATTEAU	—L'évolution de la mortalité infantile à la Réunion depuis cinquante ans	229

Vietnam : inégalités, genre et santé

D. BÉLANGER, KHUAT T. H. O., LIU J., LE T. T., PHAM V. T.	—Les rapports de masculinité à la naissance augmentent-ils au Vietnam ?.....................	255

Note de recherche

THANG M. N., B. M. POPKIN	—Évolution des revenus et du système de santé au Vietnam : réduction de la pauvreté et augmentation des inégalités de prise en charge	277

Bibliographie critique

Analyses

ADAMETS S.	—Guerre civile et famine en Russie : le pouvoir bolchevique et la population face à la catastrophe démographique 1917-1923	293
BEAUD J.-P., PRÉVOST J.-G. (dir.)	—L'ère du chiffre. Systèmes statistiques et traditions nationales.....................................	294
FESHBACH M.	—Russia Health and Demographic Crises : Policy Implications and Consequences..............	297
GAULLIER X.	—Le temps des retraites. Les mutations de la société salariale	298
RILEY J. C.	—Rising Life Expectancy, A global History	299

Revue *Population*

NOTE AUX AUTEURS

Population publie des articles inédits apportant des éléments nouveaux à l'étude des populations humaines, y compris dans les causes et les conséquences de leurs évolutions.

Leurs auteurs s'engagent à ne pas les proposer à une autre revue avant la réponse du Comité, et en tout cas durant un délai de quatre mois. La longueur d'un article ne doit pas excéder 24 pages de *Population*, y compris les tableaux, graphiques et résumés (soit l'équivalent de 76 000 signes de texte). Chaque article doit être accompagné d'un résumé de 160 à 200 mots.

Toute proposition *d'article* est examinée par l'ensemble du Comité de rédaction, qui se réunit tous les deux mois, l'un des membres du Comité étant chargé de préparer un rapport; l'article est soumis anonymement à au moins un lecteur externe qui prépare aussi un rapport. La rédaction informe l'auteur de la décision du Comité; en cas de rejet, ou de demande de modifications, la décision est motivée à l'auteur sur la base des rapports reçus et de la discussion en Comité.

La section *Notes de recherche* accueille des articles courts, traitant un thème particulier au moyen de données inédites ou sous forme de synthèse comparative. Elles sont examinées en Comité, qui peut aussi faire appel à des lecteurs externes. Elles ne doivent pas dépasser 10 pages de Population (soit l'équivalent de 32 000 signes au total).

La rubrique *Commentaires* est destinée à accueillir des réactions à des articles parus dans la revue, ainsi que les réponses des auteurs (si possible dans le même numéro). La décision de publier tout ou partie d'une proposition relève de la Rédaction. Tout commentaire est limité à 3 pages (soit 10 000 signes), sauf développement méthodologique dûment justifié et approuvé par le Comité.

Les *Comptes rendus* ou *Analyses d'ouvrages* sont publiés par décision de la Rédaction et n'engagent que leurs signataires; ils n'ouvrent pas droit à réponse de la part des auteurs concernés, ni à commentaires.

Pour tout texte publié, la Rédaction se réserve le droit d'apporter des modifications portant sur la forme; les changements éventuels sur le fond seront effectués en concertation avec l'auteur, qui recevra dans tous les cas un bon à tirer.

Présentation des manuscrits soumis

• *Texte*

Le manuscrit doit être envoyé (avec le résumé) à la Rédaction de *Population* soit sur papier en deux exemplaires, soit par courrier électronique, de préférence en MS-Word, avec une copie papier.

• *Tableaux et figures*

Ils sont respectivement regroupés en fin d'article, numérotés séquentiellement en chiffres arabes et appelés dans le texte à l'endroit où ils doivent être insérés. Les auteurs veilleront à ce que les légendes des figures et les titres des tableaux soient clairement indiqués sur ceux-ci. Les figures doivent être fournies à l'échelle double selon des dimensions compatibles avec le format d'une page de *Population* (11,51 x 8,5 cm).

• *Formules mathématiques*

Elles sont numérotées à droite et doivent être présentées de façon lisible.

• *Notes*

Les notes en bas de page sont numérotées séquentiellement et ne comportent ni tableaux, ni graphiques.

• *Références bibliographiques*

Elles sont disposées en fin d'article, par ordre alphabétique d'auteurs (éventuellement numérotées entre crochets), pour chaque auteur dans l'ordre chronologique, et appelées dans le texte sous la forme (Laslett, 1977) ou par les numéros entre crochets. La présentation sera la suivante :

— Pour un article dans une revue :

BOURGEOIS-PICHAT Jean, 1946, « Le mariage, coutume saisonnière. Contribution à une étude sociologique de la nuptialité en France », *Population*, 1(4), p. 623-642.

— Pour un ouvrage :

LASLETT Peter, 1977, *Family Life and Illicit Love in Earlier Generations. Essays in Historical Sociology*, Cambridge/London/New York, Cambridge University Press, 270 p.

Tirés à la suite

Une quinzaine de tirés à la suite sont envoyés gratuitement à l'auteur.

S'il en désire davantage (sous réserve d'acceptation), l'auteur est prié d'en informer la rédaction au moment du retour des épreuves.

Les auteurs ne sont en aucun cas rémunérés.

Courrier

Rédaction de *Population*
Institut national d'études démographiques
133 bd Davout
75980 Paris Cedex 20, France
population@ined.fr

**Population est référencé dans les bases de données
ou bibliographiques suivantes**

— Le catalogue de la Bibliothèque de l'Ined (http://www.ined.fr) propose l'intégralité des sommaires depuis 1946 ;

— *Francis* (CNRS), accessible par les serveurs Queste-Orbit et RLG, par CD-ROM, ou par Internet depuis le n° 4-5/1989 dans la base article@inist (http://services.inist.fr) ;

— *Revue des revues démographiques/Review of population reviews*, Cicred (http://www.cicred.org) ;

— *Current Contents* (http://www.isinet.com) sur abonnement ;

— *Social Sciences Citations Index* (http://www.isinet.com) sur abonnement ;

— *Population Index* (http://popindex.princeton.edu)
   mise à jour arrêtée en 2000 ;

— *Popline* (http://www.jhucpp.org).

Par ailleurs, l'édition en anglais est disponible en texte intégral dans la base JSTOR (http://www.jstor.org) sur abonnement.

Éducation, ethnicité et pratiques reproductives au Cameroun

Jennifer JOHNSON-HANKS*

> La plupart des études sur la transition actuelle de la fécondité dans les pays en voie de développement montrent que la hausse du niveau d'instruction des femmes s'accompagne d'une réduction du nombre de leurs enfants. Or, Jennifer JOHNSON-HANKS constate qu'au Cameroun, la fécondité avant le mariage est plus élevée chez les femmes qui ont été scolarisées que chez celles qui ne sont jamais allées à l'école. Cependant, un élargissement du traitement aux données ethnographiques lui permet de résoudre cette contradiction apparente. L'analyse anthropologique éclaire ici les relations entre variables sociodémographiques, et montre que loin d'obéir à un modèle de causalité directe, ces relations doivent être interprétées dans le cadre des valeurs et des pratiques dominantes au sein de chaque société.

La corrélation inverse entre le niveau d'instruction et la fécondité des femmes est une des découvertes les plus remarquables et les plus solides de la recherche en sciences sociales de la deuxième moitié du XXe siècle (Basu et Aaby, 1998, p. 10). Dans tous les pays en voie de développement, les femmes instruites ont en général moins d'enfants et commencent à en avoir plus tardivement que leurs homologues moins instruites (Adamchak et Ntseane, 1992 ; Bledsoe *et al.*, 1999 ; Castro Martin, 1995 ; Nations unies, 1995). La relation n'est pas toujours de type monotone : tout au long des années 1970 et 1980, dans beaucoup de pays africains, la fécondité a évolué selon une courbe en J inversé, la fécondité des femmes ayant fréquenté l'école quelques années étant plus élevée que celle des femmes ne l'ayant jamais fréquentée, et la baisse de la fécondité étant seulement associée à un niveau d'études avancé (Lesthaeghe et Page, 1981)[1]. Même lorsque la fécondité diminue de façon constante à mesure

---

* Département de démographie, université de Californie, Berkeley.
Traduit par Anne Getzler.

[1] Si dans l'enquête EDS camerounaise de 1998, utilisée ici, la fécondité baisse de façon monotone à mesure que le niveau d'instruction augmente, dans l'enquête de 1991, la relation est non linéaire. Les processus démographiques ayant conduit à cette évolution constitueront le sujet d'un prochain article.

que le niveau d'instruction s'élève, la pente et la constante varient toutes deux considérablement (voir Jejeebhoy, 1995, pour une analyse). Malgré ces nuances et ces contre-exemples partiels, la quasi-universalité de la corrélation négative est frappante, et a suscité un grand intérêt de la part des chercheurs et des politiques.

Quels processus sociaux et démographiques sous-tendent la relation entre éducation et fécondité, et quels types d'institutions politiques, économiques ou culturelles permettent à ces processus de perdurer ? Cet article pose ces questions dans le cadre d'un cas concret – celui du Cameroun, en Afrique – comme élément essentiel d'une théorie comparative. Les données issues de l'enquête démographique et de santé de 1998 au Cameroun (*Demographic and Health Survey*) ainsi que les informations ethnographiques montrent que les femmes camerounaises instruites se marient plus tardivement et ont moins d'enfants que leurs consœurs moins instruites, conformément à des modèles observés ailleurs. Toutefois, leur taux de fécondité prénuptiale est considérablement plus élevé que celui des femmes n'ayant jamais fréquenté l'école, résultat qui contraste aussi bien avec la littérature comparée qu'avec les propres déclarations des Camerounaises instruites quant à leur comportement de procréation. Ce paradoxe apparent soulève une nouvelle série de questions quant à l'influence ou la signification de l'école par rapport à la procréation. Traiter l'école comme une institution imprégnée par certains types de capital social (Bourdieu, 1984, 1990) permet de comprendre autrement la relation entre éducation, mariage, ethnicité et maternité.

Partant de ce préalable, cet article vient s'ajouter à un corpus qui a principalement traité de la relation entre les indicateurs démographiques et les institutions ou les processus sociaux, politiques ou économiques (Caldwell et Caldwell, 1987 ; Carter, 1995 ; Greenhalgh, 1995, 1997 ; Hammel, 1990 ; Kreager, 1982 ; Lesthaeghe, 1980 ; McNicoll, 1980 ; Pollack et Watkins, 1993 ; Watkins, 1990). Plus particulièrement, cet article répond à une évolution récente de la culture démographique africaine. Des chercheurs tels qu'Agadjanian (2001), Bledsoe *et al.* (1998) et Zulu (2001) ont tenté d'utiliser des méthodes qualitatives non seulement pour compléter des analyses statistiques standard, mais aussi pour contester les interprétations et les théories classiques. Ce travail suggère que la contribution de la recherche qualitative est autant d'ordre analytique et théorique que d'ordre méthodologique (Obermeyer, 1997, p. 815).

I. Instruction et fécondité en Afrique

La corrélation inverse largement observée entre instruction et fécondité a suscité beaucoup d'intérêt, à la fois comme objet d'étude d'une causalité sociale et comme objet potentiel d'interventions politiques. Une grande partie de la recherche sur le sujet a tenté d'analyser les mécanismes – causaux, sélectifs, ou autres – qui pourraient lier instruction et fécondité. Les modèles explicatifs causaux, prédominants, étaient principalement de deux sortes, que nous qualifions ici de modèles de changement cognitifs et instrumentaux. Selon les théories cognitives, l'instruction entraînerait un changement des valeurs et de la perception du monde chez les individus, et modifierait les points de vue, les idées et les modes de pensée des femmes (Goody, 1968; Goody et Watt, 1963; LeVine et White, 1986; Ong, 1982; van de Walle, 1992). D'après ces modèles, les processus éducatifs transforment les structures mentales grâce auxquelles les femmes évaluent le monde et prennent des décisions, plus que les conditions objectives de ces prises de décision. Dans son modèle classique des conditions préalables à l'évolution de la fécondité, par exemple, Coale (1973) indique que la fécondité doit devenir l'objet d'un « calcul de choix conscient »; dans un modèle cognitif de la corrélation entre instruction et évolution de la fécondité, la scolarité serait considérée comme servant à introduire la fécondité dans le calcul. Les théories du changement instrumental, en revanche, soulignent que l'instruction modifie les conditions objectives des prises de décisions, par exemple en augmentant le coût d'opportunité du travail féminin (Ainsworth, 1988; Becker, 1991; Caldwell, 1980; Easterlin et Crimmins, 1985; Lloyd et Gage-Brandon, 1992). La plupart de ces modèles sont de type micro-économique et suggèrent que les femmes instruites, en faisant exactement le même type de choix rationnels que les femmes non instruites, ont de moins en moins d'enfants à mesure que leur coût relatif augmente.

Les modèles de changement cognitifs, comme les modèles instrumentaux, soulignent que l'instruction encourage les femmes à *désirer* moins d'enfants, mais pour des raisons différentes dans les deux cas : ce sont des théories « de la demande ». Cleland et Kaufman (1998), de leur côté, ont affirmé que l'instruction influence non seulement le nombre d'enfants que les femmes souhaitent avoir, mais aussi leur capacité à atteindre cet objectif de procréation. Dans la mesure où les femmes instruites sont plus aptes à composer avec une belle-famille pronataliste ou avec des centres de planification familiale peu accueillants, ce point de vue semble judicieux. Certaines études historiques et culturelles de la fécondité sont même allées jusqu'à suggérer que le nombre d'enfants ne serait pas forcément l'élément à privilégier. Dans de nombreuses sociétés, il apparaît qu'en lui-même, le nombre d'enfants n'est que d'une importance secondaire par rapport à l'espacement des naissances, la composition par sexe et d'autres critères, ou bien encore leur place dans le jeu des négociations au sein du ménage et de la parenté (Bledsoe, 2002 ; Delaunay, 1994 ; Feldman-Salvelsberg, 1999 ; Guyer, 1993 ; Hertrich, 1996 ; Johnson-Hanks, 2002 ; Picard-Tortorici, 1998). Dans la mesure où les schémas d'intention pertinents pour les taux de reproduction concernent l'espacement des naissances, la composition de la descendance, et la négociation sociale, l'effet de l'instruction sur la fécondité doit également être examiné au travers d'autres facteurs que la taille souhaitée de la famille ou la capacité à l'atteindre.

En Afrique, les débats sur les relations entre instruction et fécondité s'ajoutent à un volumineux et fructueux corpus de recherches sur les causes du niveau toujours élevé de la fécondité (voir surtout Caldwell, 1980 ; Caldwell et Caldwell, 1987). Des recherches empiriques suggèrent qu'en Afrique, la corrélation inverse pourrait fonctionner de façon particulière, inconnue ailleurs. Shapiro et Tambashe (1997), par exemple, ont mis en évidence des interactions complexes entre le niveau d'instruction et le régime de planification familiale à Kinshasa : les femmes les plus instruites recourent à la contraception pour éviter les naissances, tandis que les moins instruites recourent à l'avortement, et que les illettrées ne recourent à aucune méthode. En fait, au lieu d'un gradient, Shapiro et Tambashe mettent en évidence trois modèles distincts de gestion de la procréation, ce qui implique, du moins en ce qui concerne les pratiques de fécondité, que l'école secondaire n'est pas une continuation de l'école primaire, mais a des effets sociaux différents. Mensch *et al.* (2001) soutiennent que la relation entre le niveau d'instruction, l'environnement scolaire et les relations sexuelles prénuptiales est fortement liée au contexte social. À l'aide de données provenant du Kenya, les auteurs montrent que les écolières qui se trouvent dans un environnement « neutre du point de vue du genre » sont moins à même d'avoir des relations sexuelles prénuptiales que les autres. L'étude approfondie de la corrélation entre instruction et fécondité en Afrique permet donc d'accéder à l'analyse spécifique de deux points : le déclin de la fécondité en Afrique et la corrélation inverse, quasi universelle, entre instruction et fécondité.

II. Données et méthodes

Cet article se fonde principalement sur des données provenant de deux sources dont les résultats sont en cours de publication ou déjà publiés : il s'agit des données individuelles sur les femmes provenant de l'enquête démographique et de santé (EDS) de 1998 au Cameroun, et de sources ethnographiques. L'enquête EDS est une enquête représentative sur le plan national réalisée auprès de 5 501 femmes, par Macro International en collaboration avec le Bureau central des recensements et des études de population du Cameroun (pour une discussion de l'échantillonnage, de la traduction ou des méthodes d'interrogation, voir Fotso *et al.*,

1999). Les statistiques descriptives sont établies à l'aide des méthodes usuelles, et la plupart des taux, y compris les taux de fécondité générale légitime, sont basés sur les données d'une année. Du fait de la petite taille de l'échantillon, les taux de fécondité prénuptiale sont calculés pour les cinq années qui précèdent l'enquête. Ce calcul a nécessité de classer les naissances comme légitimes ou comme prénuptiales suivant la date du premier mariage et les dates de chacune des naissances dans le registre des naissances (numérateur), et de calculer le nombre de personnes-années vécues à chaque âge dans l'état de célibat au cours des cinq années précédant l'âge au mariage ou l'âge à l'enquête (dénominateur). Ici, et tout au long de l'article, les naissances prénuptiales désignent les naissances survenues chez des femmes qui n'avaient jamais été mariées *au moment de la naissance*, indépendamment de leur situation matrimoniale au moment de l'enquête. Ainsi, en théorie, quelle que soit leur situation matrimoniale au moment de l'enquête, les femmes pouvaient toutes avoir été exposées au risque de grossesse et de naissance prénuptiales, selon la date plus ou moins récente de leur premier mariage éventuel.

Le matériel ethnographique que nous analyserons comprend les notes prises sur le terrain lors de nos recherches chez les Beti en 1996, 1998 et 2001 (décrites en détail par Johnson-Kuhn, 2000), ainsi que des études publiées et des archives concernant les Boulou-Beti-Fang et les Biu-Mandara. Notre méthode d'analyse est fidèle à la pratique anthropologique classique, qui cherche à établir les principes génératifs d'action à partir de cas et d'exemples disparates, à l'instar d'une grammaire dégageant les principes de la langue à partir d'exemples disparates de discours. Nous utiliserons ce matériel d'une façon semblable au modèle de la « démographie *in situ* » proposé par Kreager (1982).

III. Le problème empirique

En 1998, au Cameroun, les femmes ayant un niveau d'études secondaires avaient des taux de fécondité par âge plus bas que les femmes n'ayant qu'un niveau d'études primaires, qui avaient elles-mêmes un taux de fécondité plus faible que les femmes jamais scolarisées, comme le montre le tableau 1. Les écarts peuvent s'expliquer à la fois par une propension au mariage et une fécondité légitime différentes. Le tableau 2 montre les proportions de femmes ayant déjà été mariées et de femmes encore mariées par âge pour chacun des trois groupes, les femmes les plus instruites étant aussi les moins susceptibles d'être toujours mariées à la plupart des âges indiqués. Le tableau 3 indique leur taux de fécondité légitime par âge. Là encore, les plus instruites ont les taux de fécondité les plus bas. Ces données, conformes aux modèles établis ailleurs, pourraient être prévues par n'importe quelle théorie existante des mécanismes causaux. Toutefois, lorsque l'on considère les naissances prénuptiales, il en va tout autrement. Les Camerounaises qui ont fréquenté l'école ont une fécondité prénuptiale *plus élevée* que leurs consœurs du même âge n'ayant jamais fréquenté l'école. Cette constatation est à la fois surprenante et stimulante, et impose une étude plus minutieuse.

TABLEAU 1.— TAUX DE FÉCONDITÉ PAR GROUPE D'ÂGES SELON LE NIVEAU D'INSTRUCTION (NOMBRE D'ENFANTS PAR FEMME)

Âge	Sans instruction		Primaire		Secondaire ou plus	
	Effectif	Taux	Effectif	Taux	Effectif	Taux
15-19 ans	185	0,211	493	0,130	618	0,071
20-24 ans	204	0,343	357	0,261	592	0,150
25-29 ans	215	0,321	308	0,240	401	0,180
30-34 ans	193	0,254	260	0,227	256	0,141
35-39 ans	186	0,172	257	0,117	177	0,090
40-44 ans	182	0,066	186	0,081	98	0,010
45-49 ans	166	0,024	130	0,000	37	0,000
Fécondité totale		6,954		5,274		3,212

Source : EDS de 1998 au Cameroun.

TABLEAU 2.— PROPORTION DE FEMMES MARIÉES À L'ENQUÊTE ET MARIÉES AU MOINS UNE FOIS SELON LE NIVEAU D'INSTRUCTION (EN %)

Âge	Sans instruction			Primaire			Secondaire ou plus		
	Mariées à l'enquête	Mariées au moins une fois	Effectif	Mariées à l'enquête	Mariées au moins une fois	Effectif	Mariées à l'enquête	Mariées au moins une fois	Effectif
15-19 ans	62,2	65,4	185	23,9	26,2	493	6,3	7,9	618
20-24 ans	93,6	97,5	204	56,3	65,5	357	22,3	29,2	592
25-29 ans	92,1	97,2	215	65,9	77,9	308	44,4	55,6	401
30-34 ans	90,7	96,4	193	66,5	83,1	260	57,0	73,8	256
35-39 ans	85,5	94,6	186	74,3	90,7	257	65,0	80,2	177
40-44 ans	83,0	97,8	182	76,9	93,5	186	65,3	91,8	98
45-49 ans	80,1	96,4	166	64,6	96,9	130	62,2	81,1	37

Source : EDS de 1998 au Cameroun.

TABLEAU 3.— TAUX DE FÉCONDITÉ LÉGITIME PAR GROUPE D'ÂGES SELON LE NIVEAU D'INSTRUCTION (NOMBRE D'ENFANTS PAR FEMME)

Âge	Sans instruction		Primaire		Secondaire ou plus	
	Effectif	Taux	Effectif	Taux	Effectif	Taux
15-19 ans	115	0,330	118	0,288	39	0,256
20-24 ans	191	0,377	201	0,328	132	0,295
25-29 ans	198	0,343	203	0,286	178	0,253
30-34 ans	175	0,263	173	0,277	146	0,212
35-39 ans	159	0,182	191	0,141	115	0,113
40-44 ans	151	0,079	143	0,077	64	0,000
45-49 ans	133	0,023	84	0,000	23	0,000
Fécondité légitime totale		7,985		6,985		5,645

Source : EDS de 1998 au Cameroun.

Une discussion relative à la question du mariage et à sa quantification dans l'enquête EDS est ici primordiale. Le mariage revêt différentes formes au Cameroun : le mariage coutumier, le mariage civil ou légal, et le mariage religieux (musulman ou chrétien). La plupart des couples, du moins dans le sud, célèbrent différents types de mariage au fil du temps, dans un ordre variable. La cohabitation de longue durée, socialement reconnue comme étant semblable au mariage, est également courante. L'enquête EDS se fonde sur la déclaration par les femmes enquêtées de leur situation matrimoniale. Les catégories utilisées dans l'enquête sont détaillées – célibataire, cohabitante, mariée, séparée, divorcée, veuve – et un effort considérable est fait pour distinguer les femmes mariées des femmes cohabitantes, et les femmes séparées des femmes divorcées. Cela étant, le questionnaire ne distingue pas les différents régimes matrimoniaux : les femmes mariées légalement, religieusement, ou sous le régime coutumier sont toutes simplement appelées « mariées ». L'âge indiqué au premier mariage est utilisé à la fois pour calculer l'exposition au risque de grossesse prénuptiale et pour identifier les naissances prénuptiales. Des différences systématiques dans la déclaration des dates de mariage selon le niveau d'études ou l'appartenance ethnique seraient donc susceptibles de mettre à mal notre interprétation. De telles différences pourraient être de deux sortes. Tout d'abord, il est possible que les femmes selon leur niveau d'étude considèrent différentes formes d'union comme marquant le début du mariage. Les études ethnographiques montrent cependant que la plupart des femmes camerounaises se considèrent mariées si elles ont célébré *n'importe quel* type de mariage formel. Quel qu'il soit, l'événement conjugal qui se produit en premier est celui qui fait d'elles des femmes « mariées » (Geary, 1986). L'autre source possible d'erreur est la tendance différentielle à corriger la date du mariage, pour faire apparaître une naissance prénuptiale comme étant survenue dans le mariage. Les données démographiques démentent fortement cette hypothèse. En premier lieu, limiter l'analyse aux femmes n'ayant jamais été mariées renforce plutôt qu'il ne l'affaiblit le schéma éducatif. En deuxième lieu, si les femmes non instruites « corrigeaient » la date de leur mariage pour légitimer leur première naissance, alors l'intervalle moyen entre le mariage et la première naissance parmi les femmes non instruites serait plus court que parmi les femmes instruites, alors qu'en réalité, il est plus long (résultats non présentés). Nous en concluons donc que les données sur la date du mariage peuvent être utilisées, et que le classement des naissances dans les catégories « légitime » et « prénuptiale » est correct.

La figure 1 montre, pour chaque âge, la proportion de femmes ayant déjà eu un enfant avant le mariage, selon le niveau d'instruction. Les femmes ayant un niveau d'études secondaires sont le plus susceptibles d'avoir eu un enfant avant le mariage, quel que soit leur âge, tandis que les femmes sans instruction sont le moins susceptibles d'être dans ce cas. Parmi celles qui ont fréquenté l'école, la proportion augmente jusqu'à 25-29 ans, puis retombe ; pour celles qui n'ont jamais fréquenté l'école, la proportion augmente jusqu'à 30-34 ans et reste à peu près stable à des âges plus avancés. L'avantage de ce graphique est qu'il utilise des données tirées de l'enquête EDS dans son ensemble, de sorte que les estimations sont assez fiables. Toutefois, il associe les effets de l'âge et les effets de cohorte, et ne prend pas en compte le fait que les femmes les plus instruites ont été le plus longtemps exposées au risque de naissance prénuptiale. L'impossibilité de distinguer effet d'âge et effet de cohorte est inévitable avec des données issues d'une enquête unique et rétrospective. Les différences d'exposition peuvent cependant être prises en compte grâce au calcul de taux de fécondité prénuptiale par groupe d'âges, tels qu'indiqués au tableau 4.

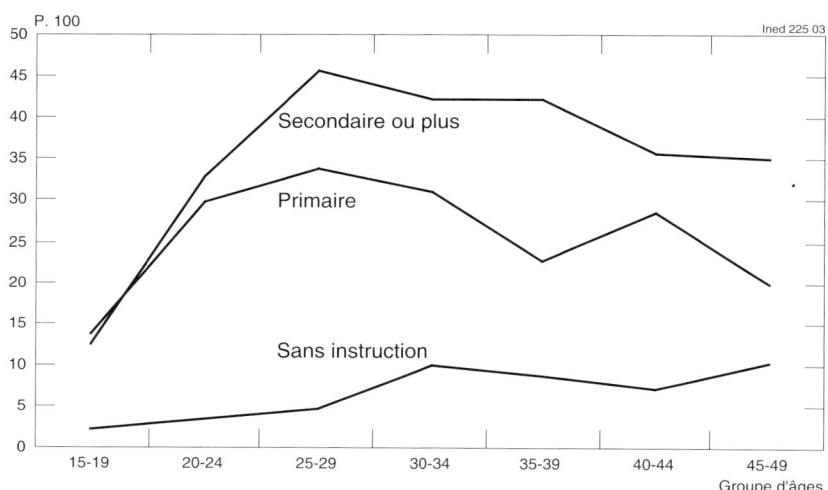

Figure 1.– Proportion de femmes ayant donné naissance à un enfant hors mariage, par âge et niveau d'instruction
Source : EDS de 1998 au Cameroun.

Les enquêtes démographiques et de santé contiennent des données sur l'âge des répondants au moment de l'enquête, sur leur âge au premier mariage et la date de naissance de chacun de leurs enfants. À partir de ces données, il est possible de calculer l'exposition au risque de naissance prénuptiale et le nombre de naissances prénuptiales au cours des cinq années précédant l'enquête. L'« indice synthétique de fécondité prénuptiale » doit être interprété comme le nombre d'enfants qu'une femme pourrait mettre au monde si elle survivait tout au long des années de vie féconde, ne se mariait jamais et donnait naissance à des enfants selon les taux spécifiques de fécondité prénuptiale observés pour chaque groupe d'âges. La ligne suivante montre l'intervalle de confiance à 95 %

pour l'ISF prénuptiale, calculé grâce à la méthode du bootstrap[2]. La dernière ligne du tableau indique le taux de fécondité prénuptiale par rapport au taux de fécondité totale ; ce rapport répond à la question : « Si une femme restait célibataire tout au long de sa vie, quelle proportion représenterait le nombre de ses enfants par rapport à ceux qu'aurait une femme avec une histoire matrimoniale moyenne ? »

TABLEAU 4. – TAUX DE FÉCONDITÉ PRÉNUPTIALE PAR GROUPE D'ÂGES SELON LE NIVEAU D'INSTRUCTION CALCULÉS POUR LES CINQ DERNIÈRES ANNÉES (NOMBRE D'ENFANTS PAR FEMME)

Âge	Sans instruction		Primaire		Secondaire ou plus	
	Nombre de personnes-années	Taux	Nombre de personnes-années	Taux	Nombre de personnes-années	Taux
15-19 ans	329,5	0,021	1 565,5	0,069	2 981,0	0,051
20-24 ans	36,5	0,110	518,5	0,199	1 585,5	0,115
25-29 ans	43,5	0,092	302,0	0,225	581,5	0,167
30-34 ans	44,5	0,135	159,0	0,119	274,0	0,099
35-39 ans	28,0	0,107	101,0	0,089	89,5	0,089
40-44 ans	26,0	0,000	25,0	0,080	53,5	0,019
ISF prénuptiale		2,3		3,9		2,7
Intervalle de confiance à 95 %		0,95-3,7		3,0-5,1		2,2-3,4
Rapport entre fécondité prénuptiale et totale		0,35		0,76		0,85

Source : EDS de 1998 au Cameroun.

Chez les femmes non instruites, l'ISF prénuptiale est de 2,3, plus de quatre enfants en dessous de l'ISF générale et environ cinq enfants et demi en dessous du taux de fécondité légitime. Chez les femmes ayant fréquenté l'école, le déficit des naissances lié au célibat est bien moins important. Le taux de fécondité prénuptiale chez les femmes ayant un niveau d'études primaires est de 3,9, légèrement plus d'un enfant en dessous de l'ISF totale et environ trois enfants en dessous de l'ISF légitime. Chez les femmes ayant un niveau d'études secondaires, la différence entre l'ISF générale et l'ISF prénuptiale atteint moins d'un enfant (2,7 au lieu de 3,2). En d'autres termes, une femme ayant fréquenté l'école – quel que soit son niveau – et restée célibataire toute sa vie finirait par avoir environ 85 % des enfants qu'aurait eu sa camarade d'école mariée à l'âge médian et restée mariée jusqu'à la fin de sa vie féconde. À l'opposé, une femme n'ayant jamais fréquenté l'école et restée célibataire n'aurait qu'environ un tiers des enfants de son homologue mariée.

---

[2] L'intervalle de confiance et l'ISF prénuptiale sont calculés à l'aide de la méthode du bootstrap (Efron et Tibshirani, 1998). Selon cette méthode, on tire aléatoirement de manière répétée un grand nombre de sous-échantillons avec remplacement (1 000 dans notre cas) sur lesquels la statistique qui nous intéresse ici, l'ISF prénuptiale, est calculée. L'estimation bootstrap de la variation dans la statistique est l'écart type des mesures répétées de l'ISF par bootstrap.

Si l'on compare les différents niveaux d'instruction, on constate que le taux de fécondité prénuptiale le plus bas est celui des femmes sans instruction. Les femmes ayant un niveau d'études primaires présentent le taux le plus élevé, la différence entre les deux groupes étant significative au seuil de 5 % ; les femmes ayant un niveau d'études secondaires ou supérieures se situent entre les deux groupes précédents, et ont un taux qui ne peut pas se distinguer de l'un ou l'autre au seuil de 5 %. Le nombre plus élevé de naissances prénuptiales parmi les femmes ayant fréquenté l'école est dû à des taux par âge plus élevés, et non simplement à une plus grande exposition au risque. De plus, la relation n'est pas de type monotone, cas dans lequel une plus longue fréquentation de l'école se traduirait par un risque plus élevé de naissance prénuptiale, comme on pourrait s'y attendre si la tolérance envers ce type de naissance était un accommodement social de l'époque moderne qui s'acquerrait avec l'instruction. Au lieu de cela, les femmes célibataires ayant fréquenté l'école secondaire ont un peu moins d'enfants avant le mariage que les femmes célibataires ayant fréquenté l'école primaire, ce qui correspond à la différence entre ces deux groupes en termes de fécondité globale.

Les différences en matière de naissances hors mariage sont en accord avec les données sur les relations sexuelles prénuptiales. Bien que l'âge moyen indiqué au premier rapport sexuel soit plus élevé chez les femmes instruites que chez les femmes n'ayant jamais fréquenté l'école (résultats non présentés), les premières sont beaucoup plus susceptibles de déclarer avoir eu des relations sexuelles avant le mariage que les secondes. Ces données comportent probablement quelques erreurs et doivent être traitées avec prudence ; mais elles apportent du crédit à l'interprétation des taux de fécondité présentés plus haut. En outre, les femmes instruites semblent plus susceptibles de mettre un terme à une grossesse non désirée que leurs homologues non instruites (voir Johnson-Hanks, 2002), ce qui suggère également que les différences entre les taux de fécondité reflètent des différences dans les taux de conception prénuptiale. Le tableau 5 indique, pour chaque groupe d'âges, la proportion de femmes qui déclarent avoir eu des relations sexuelles avant leur premier mariage, selon le niveau d'études. Le numérateur comprend à la fois les femmes célibataires sexuellement actives et les femmes mariées qui déclarent avoir eu des relations sexuelles avant le mariage.

Si les femmes ayant fréquenté l'école ont des taux de fécondité prénuptiale par âge plus élevés que les femmes n'ayant jamais fréquenté l'école, cela prouve que leurs taux de fécondité légitime inférieurs ne peuvent être seulement dus à l'acquisition d'idées antinatalistes dans le cadre de l'école. On ne peut pas non plus l'expliquer par une plus grande capacité à utiliser la contraception ou par une plus grande familiarité avec les services de planification familiale. Si ces explications à des taux de fécondité plus bas chez les femmes instruites étaient vraies, cela entraînerait nécessairement pour elles des taux de fécondité prénuptiale inférieurs. Au contraire, ce fait laisse penser qu'au Cameroun, le processus de formation des familles est systématiquement différent chez les femmes instruites et chez les femmes non instruites tant en termes d'espacement et de rang des naissances que de structure finale des familles. Toute explication de leurs taux différentiels de fécondité devra donc nécessairement rendre compte de ces phénomènes. Pour aborder cette explication, nous allons à présent étudier qui sont les femmes instruites, et en quoi elles se distinguent des femmes sans instruction.

TABLEAU 5. – PROPORTION DE FEMMES QUI DÉCLARENT DES RELATIONS SEXUELLES PRÉNUPTIALES, PAR ÂGE ET NIVEAU D'INSTRUCTION (EN %)

Âge	Sans instruction		Primaire		Secondaire ou plus	
	Effectif	Proportion	Effectif	Proportion	Effectif	Proportion
15-19 ans	185	5,4	493	45,2	618	54,7
20-24 ans	204	7,4	357	59,7	592	79,2
25-29 ans	215	6,5	308	58,1	401	80,0
30-34 ans	193	11,9	260	58,1	256	76,6
35-39 ans	186	12,4	257	57,2	177	71,8
40-44 ans	182	13,7	186	49,5	98	64,3
45-49 ans	166	15,7	130	49,2	37	73,0

Source : EDS de 1998 au Cameroun.

IV. Les autres caractéristiques des femmes instruites

Au Cameroun, la scolarisation des femmes est étroitement liée à un certain nombre de facteurs sociaux significatifs. Comme nous le verrons, les filles de certaines « communautés de pratique » (Lave et Wenger, 1991) entrent à l'école et y restent dans une bien plus grande proportion que les filles d'autres communautés. On peut rapprocher ces communautés de pratique à l'aide des variables de l'enquête EDS relatives à la religion et l'ethnicité. Au Cameroun, que ses habitants appellent affectueusement « l'Afrique en miniature » du fait de sa diversité, on pratique plus de 260 langues différentes, et l'on trouve à peu près autant d'origines ou de groupes ethniques. Dans l'enquête EDS de 1998, il était demandé aux répondants d'identifier leur principale affiliation ethnique. À l'aide des classifications de Parker (1997), de Gonen (1993), et de Middleton et Rassam (1991), nous avons codé ces affiliations ethniques déclarées en trois groupes dominants, ce qui correspond approximativement à la classification ethnique camerounaise des habitants des plateaux (Grassfields), des Boulou-Beti-Fang, et des Nordistes. Ces données et ces groupes posent quelque peu problème, certains Camerounais s'identifiant à deux groupes ethniques ou plus, la classification ethnique étant en outre sujette à controverse. Toutefois, et malgré ces difficultés – qui pourraient empêcher de trouver un lien significatif avec l'ethnicité – les données indiquent l'existence de modèles forts qui lient communauté ethnique et niveau d'instruction.

Outre sa diversité ethnique, le Cameroun abrite également une grande diversité de religions. Élément déterminant de l'organisation sociale au même titre que l'ethnicité, ces communautés religieuses semblent aussi jouer un rôle important dans la réflexion et le choix des familles en ce qui concerne l'instruction des filles. Les filles instruites sont dans une écrasante majorité de confession catholique, celles qui n'ont jamais fréquenté l'école étant pour la plupart de confession musulmane. Ce schéma aurait pu en partie être déduit des données comparatives concernant l'Afrique du Nord, de l'Est ou de l'Ouest, qui montrent une relative réticence de nombreux parents musulmans d'Afrique à inscrire leurs filles à l'école (Kazemi, 2000); toutefois, ce schéma est en partie également propre au Cameroun, où l'instruction n'est pas accessible à tous. Jusqu'à l'indépendance, en 1960-1961, presque toutes les écoles secondaires du pays étaient catholiques; malgré une campagne gouvernementale massive pour la construction d'écoles, dans les années 1960, les écoles catholiques demeurent prédominantes, à la fois de par leur nombre et leur réputation. L'identification, au moins partielle, entre école secondaire et école catholique dans l'imaginaire populaire camerounais pourrait favoriser la scolarisation des enfants de familles catholiques, et freiner celle des enfants non catholiques, ou du moins non chrétiens. De plus, les écoles publiques ne sont pas équitablement réparties sur le territoire; les régions les plus riches, plus étroitement attachées à l'appareil d'État, en possèdent une part disproportionnée. Ces régions sont principalement chrétiennes. Enfin, religion et ethnicité sont liées au Cameroun, comme c'est si souvent le cas.

Le tableau 6 indique le nombre de femmes de chaque niveau scolaire appartenant à chacune des trois principales religions et des trois grands groupes ethniques, ainsi que la proportion de ces femmes qui étaient mariées au moment de l'enquête. Ce tableau montre qu'en évoquant le comportement des femmes instruites au Cameroun, on évoque en réalité le comportement d'un sous-groupe très spécifique, qui se distingue non seulement par son niveau d'études, mais aussi par son appartenance ethnique et religieuse.

L'association entre ethnicité, religion et instruction a entre autres pour effet une similitude des modèles du mariage et de la fécondité et ce, quelle que soit la variable utilisée pour les appréhender. La figure 2 représente la proportion de femmes de chaque âge n'ayant jamais été mariées, selon le niveau scolaire, la religion et l'ethnicité (pour éviter d'avoir un trop grand nombre de courbes sur le graphique, nous n'avons utilisé que deux modalités pour chaque variable). La proportion de célibataires évolue de façon presque identique pour les femmes musulmanes, Biu-Mandara, et non instruites, de même que les courbes pour les femmes catholiques, instruites et Boulou-Beti-Fang sont également très proches les

TABLEAU 6. – PROPORTION DE FEMMES MARIÉES À L'ENQUÊTE PAR NIVEAU D'INSTRUCTION, RELIGION ET ETHNICITÉ

Niveau d'instruction	Religion									
	Catholique		Protestante		Musulmane		Autre		Total	
	Effectif	%	Effectif	%	Effectif	%	Effectif	%	Effectif	%
Sans instruction	222	80,2	226	81,0	617	85,3	266	88,3	1 331	84,3
Primaire	865	49,6	789	56,5	251	73,3	86	62,8	1 991	55,9
Secondaire ou plus	1 127	30,2	905	32,7	94	44,7	53	35,8	2 179	32,0
Total	2 214	42,8	1 920	48,2	962	78,2	405	76,0	5 501	53,3

Niveau d'instruction	Ethnicité									
	Fulani/Biu-Mandara		Bamiléké		Boulou-Beti-Fang		Autre		Total	
	Effectif	%	Effectif	%	Effectif	%	Effectif	%	Effectif	%
Sans instruction	846	87,5	397	81,6	35	54,3	53	73,6	1 331	84,3
Primaire	169	63,9	1 046	60,6	571	48,5	205	45,9	1 991	55,9
Secondaire ou plus	54	40,7	1 001	35,3	1 017	27,6	107	38,3	2 179	32,0
Total	1 069	81,4	2 444	53,6	1 623	35,6	365	47,7	5 501	53,3

Source : EDS de 1998 au Cameroun.

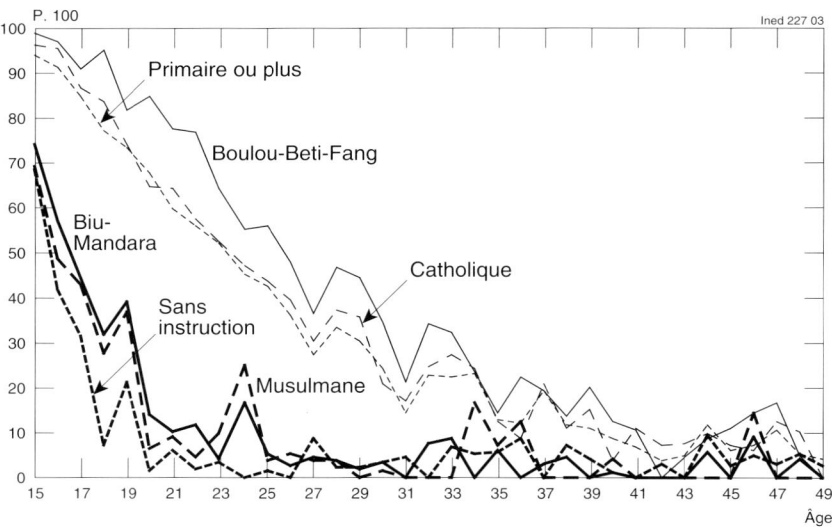

Figure 2. – Proportion de femmes encore célibataires à chaque âge, selon l'ethnicité, la religion et le niveau d'instruction

Source : EDS de 1998 au Cameroun.

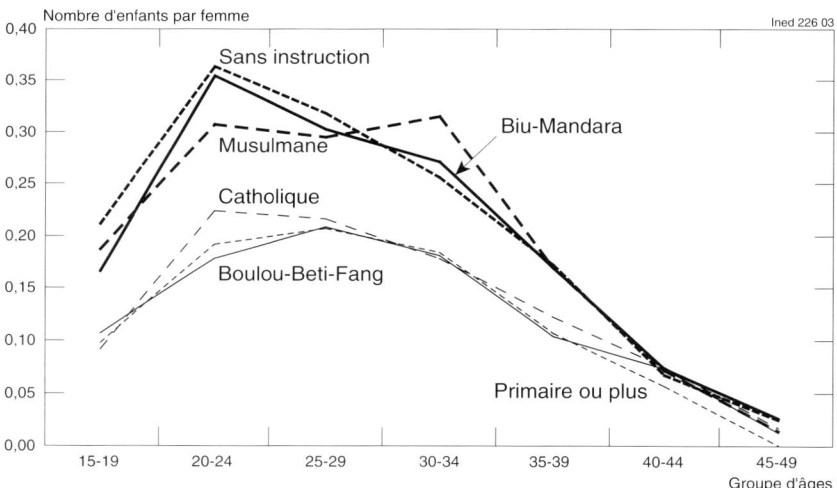

Figure 3. – Taux de fécondité par groupe d'âges, selon l'ethnicité, la religion et le niveau d'instruction

Source : EDS de 1998 au Cameroun.

unes des autres. Nous abordons la fécondité à proprement parler avec la figure 3, qui indique la fécondité par groupe d'âges selon les trois mêmes variables. Au Cameroun, les femmes instruites ont moins d'enfants au cours de leur vie que les femmes non instruites ; cependant, la fécondité des femmes catholiques et des femmes de l'ethnie Boulou-Beti-Fang est proche de celle des femmes instruites. Si l'on utilise ces données, il devient impossible, intellectuellement, d'attribuer leurs pratiques de procréation à leur scolarisation en soi, plutôt qu'à leur appartenance ethnique et religieuse, ou aux perspectives économiques et politiques que leur éducation leur a apportées.

L'idée de l'instruction comme seule variable exerçant une influence est également mise à mal par les données du tableau 7, qui présente les rapports des risques de naissance prénuptiale. La variable dépendante est codée « 1 » pour les femmes qui n'ont jamais été mariées et qui ont un enfant et pour les femmes mariées qui déclarent avoir eu un enfant avant le mariage ; autrement, elle est codée « 0 ». Les variables relatives à l'instruction, la religion et l'appartenance ethnique sont catégorielles, et les coefficients indiquent le rapport des risques de naissance prénuptiale chez les femmes de la catégorie spécifiée par rapport à la catégorie de référence. L'« âge » et l'« âge au mariage » sont des variables continues : pour chaque changement d'une unité (un an), les risques sont multipliés par le ratio indiqué. Pour les femmes qui n'ont jamais été mariées, l'âge au mariage est imputé comme leur âge au moment de l'enquête. Cette imputation est pertinente dans le sens où la variable est destinée à appréhender la durée d'exposition au risque de grossesse prénuptiale[3]. Les trois premiers modèles incluent l'âge, l'âge au mariage, et une variable catégorielle qui diffère d'un modèle à l'autre tandis que la quatrième colonne retrace les résultats du modèle complet.

Dans les quatre modèles, le rapport des risques pour l'âge au mariage (durée d'exposition au risque d'une naissance prénuptiale) est supérieur à un et extrêmement significatif. Pour chaque année supplémentaire de célibat, les chances qu'une femme ait eu un enfant avant le mariage augmentent d'environ 30 %. En revanche, l'âge semble avoir peu ou pas de lien avec la probabilité d'avoir eu un enfant avant le mariage. Les effets de l'instruction et de la religion dépendent de l'introduction d'autres variables catégorielles. L'une comme l'autre ont des effets marquants lorsque seuls l'âge et l'âge au mariage sont contrôlés, mais des effets moins marqués et moins significatifs lorsque l'instruction, la religion et l'appartenance ethnique sont comprises ensemble dans le modèle. Dans le modèle 1, on observe que comparées aux femmes catholiques, les femmes musulmanes ou d'autres religions (non chrétiennes) ont un risque faible de naissance prénuptiale, tandis que les protestantes ne se distinguent pas des

---

[3] L'alternative à cette imputation est de ne pas prendre en compte les femmes n'ayant jamais été mariées, ce qui ne modifie pas l'orientation des conclusions, mais, en réduisant la taille de l'échantillon, cela atténue certaines différences jusqu'à les rendre statistiquement non significatives.

catholiques. Dans le modèle 2, il apparaît que les femmes ayant fréquenté l'école, quel que soit leur niveau d'études, ont approximativement trois fois plus de risques que les femmes non instruites d'avoir eu un enfant avant le mariage. Les plus instruites ont un risque légèrement plus faible de naissance prénuptiale que celles qui n'ont fréquenté que l'école primaire parce que la variable dépendante associe la probabilité d'avoir eu un enfant et la probabilité que l'enfant soit né avant le mariage ; lorsque l'analyse porte sur les seules mères, cet effet disparaît presque entièrement (résultats non présentés).

TABLEAU 7.– RAPPORT DES RISQUES (ODDS RATIO) DE NAISSANCE PRÉNUPTIALE (RÉGRESSIONS LOGISTIQUES)

	Modèle 1	Modèle 2	Modèle 3	Modèle 4
Âge	1,0051	1,0097*	1,0032	1,0018
Âge au mariage après imputation	1,3023***	1,28982***	1,2871***	1,2957***
Sans instruction		Réf.		Réf.
Primaire		3,3346***		1,6602**
Secondaire ou plus		2,7310***		1,2199
Catholique	Réf.			Réf.
Protestante	0,9975			1,0625
Musulmane	0,5376***			1,3084
Autre religion	0,3856***			0,7059
Fulani-Peul/Biu-Mandara			Réf.	Réf.
Bamiléké			3,6554***	3,2122***
Boulou-Beti-Fang			7,3505***	6,6222***
Autre ethnie			7,5786***	6,3972***
Degrés de liberté	5	4	5	10
Effectif	3 847	3 847	3 847	3 847

*** p > 0,001 ; ** p > 0,01 ; * p > 0,05.
Source : EDS de 1998 au Cameroun.

L'instruction et la religion sont toutes deux liées à la probabilité d'avoir eu un enfant avant le mariage lorsque l'ethnie n'est pas prise en compte. Ces deux effets disparaissent presque totalement dans le modèle complet en colonne 4. Au contraire, l'ethnicité est associée de façon notable et relativement similaire à la probabilité de naissance prénuptiale, indépendamment du contrôle ou non de l'instruction ou d'autres facteurs. Si les rapports de risque dans le modèle complet sont légèrement plus faibles que dans le modèle prenant en compte la seule ethnicité (colonne 3), ils sont néanmoins élevés et significatifs au seuil de de 0,001. Toutes choses égales par ailleurs, une femme Bamiléké a trois fois plus de risques qu'une femme Fulani-Peul ou Biu-Mandara d'avoir eu au moins un enfant hors mariage, et une femme Boulou-Beti-Fang a un risque plus de six fois supérieur. Cela semble montrer que l'ethnicité, plutôt que l'instruction en elle-même, est la cause principale des différences constatées dans les taux de fécondité prénuptiale indiqués au tableau 4.

Au Cameroun, dans l'ensemble, les filles instruites sont de l'ethnie Boulou-Beti-Fang ou Bamiléké, chrétiennes, et elles vivent en milieu urbain ou périurbain, dans le sud ou l'ouest du pays. Comme Hammel l'a montré (1990, p. 459), ce ne sont pas ces caractéristiques qui *font* qu'elles vont à l'école ou ont une histoire génésique particulière mais plutôt leur adhésion à des systèmes de pensée et des pratiques, des systèmes de valeur et des aspirations. La covariation de la religion, de l'ethnicité et de l'instruction est forte parce qu'elle est le fruit d'un ensemble de pratiques sociales, fondées sur des intentions et des états d'esprits variables. L'ethnographie d'autrefois appelait simplement cela la « culture ». Les ethnographes contemporains rejettent presque unanimement le concept de cultures délimitées, dissociées, et soulignent les échanges, les adaptations et les innovations qui se sont produits pendant des millénaires par-delà les frontières culturelles. Au contraire, la recherche ethnographique actuelle emploie plutôt des concepts tels ceux de « répertoire » et de « pratique sociale », qui permettent l'analyse des aspirations et des formes d'action communes au sein des communautés en même temps que celle de la variation des intentions et des actions, ou de l'innovation et de l'incertitude (Bledsoe, 2002 ; Comaroff et Comaroff, 1997 ; Guyer, 1993, 1996 ; Hanks, 2000). Nous soutenons ici que la covariation des variables démographiques est le fruit de ces répertoires d'aspirations et d'attentes.

La comparaison entre les communautés dans lesquelles les parents scolarisent généralement les filles et celles dans lesquelles c'est rarement le cas fait apparaître toute une gamme de différences politiques, économiques et sociales. Nous étudierons plus particulièrement ici trois différences d'ordre social : la tolérance envers les rapports sexuels prénuptiaux et extraconjugaux ; les concepts du moi, de l'indépendance et de l'individualité ; les conceptions locales de ce qu'est le mariage et de pourquoi on se marie. Ces facteurs sociaux sont interdépendants, de sorte que ces mêmes communautés qui sont les plus susceptibles et les plus soucieuses de scolariser leurs filles sont également les plus tolérantes envers une faible fécondité, un mariage tardif et une grossesse prénuptiale. Certes, l'école elle-même renforce certaines de ces valeurs et de ces attentes, mais le fait est que, dans l'ensemble, les filles qui fréquentent l'école en sont déjà imprégnées. Pour illustrer ces différences, dans la section suivante, nous comparerons deux communautés ethniques : les Boulou-Beti-Fang et les Biu-Mandara.

Dans l'imaginaire collectif, la population camerounaise comprend trois grandes catégories : les Boulou-Beti-Fang ; les Nordistes, dont font partie les Biu-Mandara ; et les habitants des plateaux de l'Ouest, dont les Bamiléké sont caractéristiques. L'omission des Bamiléké et de leurs voisins dans l'analyse mérite une explication. La population des plateaux de l'Ouest est bien connue des ethnographes et des historiens pour sa royauté de droit divin, sa sculpture raffinée et ses arts en général, et sa forte productivité agricole (Barbier, 1977 ; Feldman-Savelsberg, 1999 ; Goheen,

1996; Kaberry, 1952). Associée à une forte migration de la main-d'œuvre (on estime que la moitié des Bamiléké vit loin des plateaux), cette production agricole leur a apporté une relative prospérité mais non l'influence qu'ils auraient pu attendre sur la politique nationale. Selon certains critères, les Bamiléké se situent entre les deux groupes évoqués ici ; mais selon d'autres, les Bamiléké ne se placent pas entre les deux extrêmes que constituent les peuples du Sahel et ceux de la forêt tropicale, et sont eux-mêmes un groupe à part. En termes d'organisation politique traditionnelle et de schéma matrimonial, les trois groupes ne peuvent se placer sur un même plan : les différences sont structurelles, et non quantitatives. Dans le cadre de cet article nous ne pouvons pas rendre compte précisément de ces trois systèmes sociaux. D'où la décision d'exclure également de l'analyse les protestants, et de nous concentrer sur les catholiques et les musulmans. La plupart des protestants sont des Bamiléké. De plus, une partie d'entre eux appartient à des sectes évangéliques, qui se développent rapidement, et dont les caractéristiques sont assez différentes mais que l'on ne peut identifier dans l'enquête EDS. Nous concentrerons donc notre attention sur les Biu-Mandara et les Boulou-Beti-Fang parce que ces groupes sont aux antipodes quant aux paramètres spécifiques qui nous intéressent ici : participation scolaire, retard du mariage et fécondité. Ce ne sont pas des « types idéaux » au sens où l'entendait Weber, mais ils s'en approchent peut-être, ce qui rend le débat plus clair.

V. Les Boulou-Beti-Fang et les Biu-Mandara

L'intitulé Boulou-Beti-Fang se réfère à un ensemble de groupes d'origines diverses, liés entre eux, qui habitent les forêts du sud du Cameroun depuis le début du XIXe siècle. Parmi eux, les Beti sont les plus nombreux, et le terme de « Beti » est souvent employé pour désigner le groupe entier. Historiquement, le terme désignait plutôt le statut social que l'appartenance ethnique, mais après un siècle de recensements et d'enquêtes dans lesquels « Beti » était employé comme étiquette ethnique, ce terme est de plus en plus compris comme tel par les Beti eux-mêmes. Les Beti sont « nobles » : le mot est le pluriel de *Nti*, Seigneur, comme dans *Nti Zamba*, Seigneur Dieu. Le concept de l'identité Beti était et demeure un archétype, dont l'idéal est un homme puissant et prospère qui gère ses propres affaires et celles des autres, alors que le mot est employé dans les documents officiels pour désigner tous ceux qui parlent une langue classifiée comme Beti (Eton, Ewondo, Manguissa, etc.), ou sont issus d'une lignée traditionnellement Beti.

L'histoire des Boulou-Beti-Fang au XXe siècle se caractérise par une inégalité économique de plus en plus institutionnalisée, et une importante évolution idéologique. En quatre générations, les Beti ont quitté le stade de l'horticulture sur brûlis pour se lancer dans le commerce en ligne ; ils sont passés d'une organisation politique centrée sur le ménage à des élections pluripartites et de l'absence d'écriture à une proportion de plus de 70 % de la population qui lit et écrit le français. Après la colonisation en 1894, l'administration allemande mit sur pied des communautés sédentaires et centralisées au moyen de l'impôt, la violence physique et la création d'une hiérarchie politique locale. À la même époque, les missions catholiques romaines et les écoles missionnaires opéraient une des conversions les plus rapides et les plus complètes jamais réalisées en Afrique (Laburthe-Tolra, 1981, surtout p. 42). Après la première guerre mondiale, la France administra le Cameroun du Sud, sous mandat de la Société des Nations. L'augmentation de la production de l'économie monétaire modifia les schémas de parenté et de résidence de l'époque, les paysans allant chercher des femmes pour travailler dans leurs plantations de cacaoyers. Les profits de ces entreprises étaient parfois investis dans la scolarité des enfants, qui entraient ensuite au service de l'État. Ainsi, les institutions de l'État, de l'Église et de l'école en sont venues, ensemble, à faire émerger une élite Beti et catholique (Bayart, 1989).

L'indépendance, en 1960-1961, apporta des changements d'ordre à la fois légal et économique. Dans les années 1970 et au début des années 1980, l'économie camerounaise était forte, et les communautés Beti bénéficiaient d'une baisse du chômage, de nouvelles constructions, et d'importations européennes massives. Mais en 1987, la valeur des exportations du Cameroun s'effondrait, chutant de près de moitié en un an (Asuagbor, 1994, p. 41). Cela marqua le début de *la crise*, une désintégration de l'ordre socio-économique qui dura toute la décennie suivante. Les salaires des fonctionnaires furent divisés par deux, et la monnaie fut dévaluée de 50 % en 1992. Dans les années 1990, la vie quotidienne était très difficile : les salaires étaient payés en retard, lorsqu'ils l'étaient ; même dans la capitale, l'eau, l'électricité et le téléphone fonctionnaient de façon aléatoire ; les services médicaux manquaient de personnel et de fournitures. Les difficultés économiques très répandues, associées à une corruption tout aussi répandue, laissèrent beaucoup de gens désemparés et inquiets de l'avenir (voir aussi Mbembe et Roitman, 1995). Les considérables transformations sociales, politiques et économiques du siècle dernier ont partiellement modifié le répertoire de ce que les gens attendent de la vie, croient possible, craignent ou cherchent à atteindre, comme nous le verrons plus loin.

Comme celle des Boulou-Beti-Fang, la dénomination Biu-Mandara a été choisie, assez récemment, pour désigner un ensemble de groupes ethniques liés entre eux, qui comprennent ici les Mandara, Mafa, Mada et Mouyeng, entre autres. Parfois décrits comme un peuple des montagnes, les Biu-Mandara habitent les monts Mandara depuis des générations ; traditionnellement, leur économie était fondée sur la culture du millet, et leur organisation sociale était patrilinéaire et virilocale. Certains sont musulmans, d'autres pratiquent des religions indigènes, appelées « animisme » dans l'enquête EDS. Plus que le sud, le nord du Cameroun a connu des siècles de politique multiethnique ; les populations appelées Biu-Mandara dans le recensement ont vécu côte à côte, dans le dialogue mais souvent politiquement asservis, avec les Foulbé, Peul, et autres (Burnham, 1996, p. 9-42). Au cours des cinquante dernières années, les différents groupes collectivement appelés Biu-Mandara sont descendus dans les plaines et se sont lancés dans la culture du coton. À la différence des Beti, ils ont été marginalisés par l'État, exclus des postes de fonctionnaires, et confinés dans une large mesure sur des terres arides, pauvres, loin des principales places de marché. Pour les Biu-Mandara, la crise a eu d'autres conséquences que pour les Boulou-Beti-Fang. Déjà privés de presque tous les bénéfices du commerce et d'aide dans les vingt premières années de l'indépendance, les Biu-Mandara ont moins perdu avec la chute du franc CFA. Cependant, le manque de routes, d'écoles, d'électricité et d'eau dans le nord demeure. De nombreux auteurs décrivent leur situation socio-économique actuelle comme précaire, et une part importante des travaux ethnographiques sur les différentes communautés Biu-Mandara porte sur la sécurité alimentaire, la situation politique conflictuelle et l'accès à la terre (van den Berg, 1997 ; Richard, 1977). En naissant Beti, une jeune femme a des perspectives de vie très différentes de celles d'une jeune femme née Mafa, Mada, ou Mouyeng. Ces différences sont relatives à la fois à sa scolarité et à son entrée dans le mariage et dans la maternité.

VI. Les relations sexuelles prénuptiales et extraconjugales

Les attitudes et les pratiques qui concernent la sexualité, et particulièrement la sexualité prénuptiale, sont assez différentes dans les deux communautés. La relative liberté sexuelle des hommes et des femmes non mariés est peut-être l'aspect de l'organisation sociale Beti le plus largement souligné par la littérature ethnographique. Ainsi, Alexandre et Binet parlent de « liberté sexuelle » des adolescentes (1958, p. 52), et Laburthe-Tolra évoque « la célèbre liberté sexuelle de la "Yaunde" qui frappa tant les premiers observateurs » (1981, p. 234). La description la plus claire est peut-être celle du riche travail de Tessman, qui écrit qu'entre la puberté et le mariage :

> « L'amour libre règne au sens le plus fort du terme. Les jeunes femmes peuvent accorder leurs faveurs sans contraintes à qui et quand elles le souhaitent, et doivent simplement obéir aux règles religieuses qui interdisent tout rapport sexuel dans la journée, et aux règles sociales qui les interdisent entre parents du même sang. Sinon, il n'y a pas de limites. »
> (Tessman, 1913, vol. II, p. 253)

Les représentations de Tessman et d'autres ont fait l'objet d'une forte contestation, très politisée, quant à leur degré d'exactitude à propos de la période pré-coloniale (Ombolo, 1990 ; Vincent, 1976). En ce qui concerne la situation actuelle, toutefois, il y a peu de controverses. Dans l'ethnographie des deux dernières décennies, il est clair que de nombreux Beti considèrent l'activité sexuelle régulière comme un élément important d'une adolescence normale, de façon presque totalement indépendante du mariage (par exemple Laburthe-Tolra, 1981, p. 236). La sexualité est acceptée comme une composante importante du bien-être physique, au point que beaucoup considèrent l'abstinence sexuelle prolongée comme néfaste pour la santé. Comme le déclarèrent de nombreuses femmes, « le corps a besoin de beaucoup de choses ». Bien que l'avortement soit pratiqué pour éviter des grossesses non désirées résultant de rapports sexuels prénuptiaux, même les naissances prénuptiales sont relativement bien acceptées comme étant dans l'ordre normal des choses chez les Beti.

Les pratiques sociales Biu-Mandara en matière de relations sexuelles prénuptiales pourraient difficilement être plus différentes. Tout d'abord, le sujet attire beaucoup moins l'attention des ethnographes que la sexualité des Boulou-Beti-Fang, silence qui en dit long par comparaison. Ensuite, les quelques travaux publiés sur la sexualité prénuptiale chez les Biu-Mandara sont unanimes : les femmes doivent être vierges lors du mariage, les grossesses prénuptiales sont inacceptables et les conséquences du non-respect de ces règles sont sévères. Trois exemples brefs en donnent une illustration (voir aussi Lembezat, 1961, p. 46) :

> « Les jeux sexuels sont défendus par les sociétés mada et mouyeng [...] La rigueur des sanctions appliquées en cas d'infraction souligne l'estime des deux sociétés pour la virginité. La fillette, couchée les bras et les jambes en croix et solidement attachés à des piquets, subit la brûlure du piment déposé sur les yeux et sur la région pelvienne. » (Richard, 1977, p. 180-181)
>
> « L'enfant naturel n'existe pratiquement pas, [...] car à l'apparition d'une grossesse, la fille est chassée. Elle doit quitter le massif et se réfugier dans la plaine le plus loin possible et ne plus revenir, même pour les simples visites. » (Mouchet, 1948, p. 116)
>
> « L'abstinence sexuelle, qui débouche sur l'union matrimoniale, équivaut alors à faire de la sexualité une fonction sociale privilégiée du mariage. » (Yaya-Wane, 1971, cité dans Richard, 1977, p. 213)

Ce rejet catégorique de la sexualité prénuptiale s'accompagne d'une norme de mariage précoce, d'une surveillance rigoureuse des jeunes filles, et de fortes sanctions dans le cas d'une infraction à ces règles. Ainsi, les jeunes femmes Biu-Mandara ont de très fortes motivations pour éviter la sexualité et les grossesses prénuptiales, motivations tout simplement absentes du système social Beti.

VII. Moi, individualité et indépendance

En matière de sexualité, les pratiques des Biu-Mandara et des Boulou-Beti-Fang diffèrent presque en totalité. En ce qui concerne les concepts de moi et d'indépendance, néanmoins, on retrouve certains éléments communs significatifs chez les deux communautés. Les descriptions ethnographiques des Boulou-Beti-Fang comme des Biu-Mandara soulignent l'importance de l'« indépendance » dans les deux communautés. Mais ce que signifie « l'indépendance », à qui elle peut être accordée, et comment elle est employée, diffère dans les deux cas. Ces différences ont des conséquences sur les pratiques de procréation.

Chez les Boulou-Beti-Fang, la valeur de l'indépendance se fonde sur l'idée que chaque personne est un ensemble unique d'histoires, d'aptitudes et d'expériences, et que chacun a un destin unique. Le défi d'une vie consiste à trouver sa voie, et à la suivre fidèlement. Guyer (1996, p. 10) note que chez les Beti, il est préférable d'être un voleur qu'un *zeze mot*, un moins que rien. De nombreux domaines d'expérience ou d'action sont interprétés simplement comme une question de préférence individuelle ou de caractère, plutôt que comme se rapportant à un quelconque code ou norme établie. Ainsi, le dicton populaire, *C'est tout un chacun*, signifie *à chacun sa façon d'être* (pour d'autres analyses, voir Guyer, 1993, 1996 ; Laburthe-Tolra, 1977 ; Tessman, 1913, vol. 2). Chez les Beti, non seulement on accepte que les gens accomplissent leur destin humain de différentes façons, mais on les y encourage. Même si « l'écho des propos de la parenté et des voisins » (Watkins, 1990, p. 242) peut peser assez lourd, les répertoires de comportements qu'ils autorisent sont relativement variés.

Pour suivre leur voie, de nombreux Boulou-Beti-Fang cherchent à poursuivre leur formation ou leurs études, scolaires, académiques, professionnelles, religieuses ou autres. L'idée que chaque personne est appelée à suivre une voie qui lui est propre, et que la réalisation de ce destin dépend d'un apprentissage permanent, est très répandue. Comme l'explique le sociologue Beti Mbala Owono :

> « Tout se passe ici comme si l'éducation consistait en une seule recommandation : "deviens qui tu es" [...] Chez les Beti, le grand principe qui préside à l'éducation s'énonce en ces termes : "*Owog o na enyin, ve menken*", ce qui peut se traduire ainsi : "Vivre, c'est s'employer à l'acquisition des moyens de 'vitalisation', c'est se renouveler, s'adapter". » (1982, p. 122)

Ce continuum de concepts voisins, de celui d'indépendance à celui de formation avancée, associé à une série de facteurs institutionnels et économiques, est à l'origine des forts taux de scolarisation chez les Beti. En même temps, ce réseau de concepts sous-tend d'autres formes d'action sociale en tant que cause de comportements spécifiques, que ressource susceptible d'être utilisée pour les justifier auprès des autres, et que cadre permettant d'évaluer ces comportements. Ainsi, des principes sous-jacents peuvent orienter l'action sociale même si les gens ne s'y conforment pas tout le temps, ou lorsque cette conformité est partielle, contestée ou ambiguë.

L'indépendance occupe aussi une position centrale dans les travaux ethnographiques sur les Biu-Mandara, mais une indépendance dont la forme et le fondement, néanmoins, sont radicalement différents de ce que l'on constate dans le sud. Dans ces travaux, l'image type de l'indépendance des femmes est celle de la femme insatisfaite, qui quitte la concession de son mari, et peut-être sa ou ses co-épouses, ainsi que ses enfants, pour rejoindre celle d'un autre homme qui lui offre mieux. Il ne faut pas entendre cela comme le fait que les actions d'une femme se conforment au destin qu'elle espère accomplir, mais plutôt qu'une personne a le droit de « n'en faire qu'à sa tête » (van den Berg, 1997, *passim*). Ce que l'on décrit, c'est la liberté de céder à ses envies, dans les limites permises par les interdits religieux, les valeurs et les obligations morales (Richard, 1977, p. 208). Cette idée de l'indépendance est très différente de celle des Beti, pour qui l'individualité dans les choix de vie s'approche d'une obligation morale, et chez qui cette individualité revêt la forme d'un apprentissage et d'une recherche de toute une vie.

VIII. La signification du mariage

Nous avons vu que les Boulou-Beti-Fang et les Biu-Mandara diffèrent de par leurs idées et leurs pratiques en matière de sexualité et d'affirmation du moi. Nous abordons maintenant le rôle du mariage dans la vie des femmes des deux communautés. Les travaux ethnographiques sur les Biu-Mandara soulignent que les premiers mariages sont précoces et presque universels, et que les divorces et les remariages rapides sont assez courants (Burnham, 1996 ; Podlewski, 1966). À l'opposé, le mariage chez les Boulou-Beti-Fang tend à être tardif (sauf durant les premières décennies du mandat français : Guyer, communication personnelle), mais est rarement interrompu une fois contracté. Les données de l'enquête EDS (non présentées) viennent dans l'ensemble confirmer ces constats ethnographiques généraux. Ces modèles matrimoniaux donnent à penser que le mariage représente quelque chose de différent pour les deux communautés et que le mariage des femmes remplit des fonctions distinctes.

Chez les Beti, le mariage tardif fait partie intégrante de l'idée selon laquelle les jeunes gens doivent apprendre à se connaître, et que chacun a une personnalité unique qui se révèle par l'expérience et le travail acharné. Les mariages hâtifs inspirent la méfiance, car les partenaires n'ont pas eu le temps de s'observer pour savoir s'ils pouvaient s'accorder. Comme un de mes informateurs me l'a expliqué :

« Les mariages de deux mois – croiser quelqu'un et après deux mois vous vous mariez – ça ne dure jamais. Il faut au moins cinq ans pour moi, mais les gens qui sont trop pressés pourraient [se marier] après trois ans. Mais pendant trois ans quelqu'un peut te cacher sa vraie face. Il faut vivre pendant cinq ans, là vous allez bien vous connaître. Vous allez bien savoir qui est qui. » (Transcription de l'enregistrement 13b, lignes 275-280)

Chez les Boulou-Beti-Fang, aujourd'hui, le mariage comporte jusqu'à cinq étapes rituelles : la présentation, l'annonce des fiançailles, le mariage coutumier, la cérémonie civile et la messe nuptiale. Les couples peuvent commencer à vivre ensemble à n'importe quel moment, et beaucoup de couples ne franchissent jamais l'ensemble des cinq étapes. Cela dit, les transitions – surtout les trois dernières – ne sont pas aisément franchies dans un ordre différent, et il est rare qu'une femme Beti dont le mariage coutumier se termine s'engage dans un deuxième mariage coutumier. Certes, il ne serait pas exact de dire que les couples se marient pour la vie, mais c'est certainement à cet idéal que la plupart aspirent. Cela est directement lié à la tolérance relative envers les grossesses prénuptiales, une naissance prénuptiale étant mieux acceptée dans ce système qu'un mariage hâtif ou inapproprié avec un homme qui ne conviendrait pas mais avec qui un enfant aurait été conçu. Pour de nombreux Beti, le mariage n'est ni le préalable des rapports sexuels ni celui de la procréation.

Le rôle économique du mariage chez les Beti est ambigu. Dans les zones rurales, les femmes accèdent généralement – mais pas toujours – aux champs par l'intermédiaire de leur époux, ce qui donne au célibat un coût économique élevé. Toutefois, la dépendance économique des femmes Beti n'est que partielle. Outre le défrichement de nouveaux champs, les femmes accomplissent en général la plupart des travaux agricoles dans les villages ; ainsi, un ménage composé uniquement de femmes peut subvenir seul à ses besoins. En ville, où il est plus facile de commercer ou d'entrer sur le marché du travail, les femmes sont même encore plus capables de se débrouiller seules. Les femmes Beti retirent souvent un avantage financier du mariage, et les soucis pécuniaires ne sont pas étrangers à leur choix quant à la date du mariage ou à leur époux ; toutefois, le mariage ne constitue pas une nécessité économique. Chez les femmes Beti d'aujourd'hui, le mariage n'est essentiel ni sur le plan financier ni sur celui de la reproduction, mais quelque chose que l'on fait par amour.

Chez les Biu-Mandara, au contraire, le mariage semble être obligatoire que ce soit d'un point de vue financier ou social. Non seulement il permet de légitimer les enfants, comme on l'a vu, mais il offre aux femmes Biu-Mandara un accès aux ressources financières et productives indispensables. La culture sèche du millet requiert davantage de travail masculin que la culture du manioc dans le sud, et les hommes Biu-Mandara jouent un rôle plus actif dans l'entretien des champs et des cultures. Les femmes Biu-Mandara ont moins accès au marché du travail, et il est moins toléré qu'elles y participent. Une femme non mariée a une place modeste – que ce soit sur le plan économique ou social – dans la société Biu-Mandara. Quand un mariage prend fin, chacun des partenaires se remarie. À la fois clé de l'accès à la légitimation des enfants et nécessité économique, le mariage est une institution qui coordonne l'ensemble de la vie des Biu-Mandara. Le fait que les femmes Biu-Mandara non instruites aient beaucoup d'enfants, et presque exclusivement dans le mariage, n'est pas le résultat direct et évident de leur manque d'instruction; leur socialisation et l'environnement social y sont également pour beaucoup. D'ailleurs, le fait qu'une part substantielle des femmes camerounaises qui ne sont jamais allées à l'école aient reçu une éducation Biu-Mandara contribue largement à expliquer les raisons de leurs pratiques de procréation.

Conclusion

Une jeune femme élevée chez les Beti acquiert un ensemble particulier de notions, de pratiques, d'espoirs et d'aspirations quant à son avenir. Elle s'attend à ce que la sexualité fasse partie de sa vie d'adolescente, avant même son mariage. Elle est impatiente de développer sa personnalité, et d'apprendre à devenir elle-même, un être unique. Elle pense continuer son apprentissage, que ce soit à l'école ou hors de l'école. Elle espère se marier pour la vie – peut-être lors d'une messe dans l'une des grandes églises construites au début du siècle dernier. Elle fréquentera peut-être l'école secondaire, et peut espérer un emploi rémunéré. Une jeune femme Biu-Mandara, quant à elle, acquiert elle aussi un ensemble de notions, de pratiques et d'aspirations, mais très différentes de celles de son homologue Beti. Elle sait que sa vie d'adulte se réalisera avant tout dans le mariage, même si ce n'est pas forcément avec un seul homme. Au cours du mariage, elle aura autant d'enfants que Dieu lui en donnera, et son bien-être dépendra en partie de la générosité de Dieu en la matière. Il est probable qu'elle ne fréquentera pas l'école, ou du moins qu'elle la quittera précocement. Ces schémas structurés d'aspirations et d'actions, aspects de ce que Bourdieu (1990) a appelé l'*habitus*, s'enracinent par la répétition quotidienne. En partie du moins, ils sous-tendent les schémas démographiques du mariage et de la procréation observés dans l'enquête démographique et de santé.

De nombreuses raisons – politiques, économiques et sociales – expliquent pourquoi les filles Boulou-Beti-Fang fréquentent en général l'école et pourquoi les filles Biu-Mandara ne le font pas. Lorsqu'elles entrent à l'école, elles restent influencées par leur vie et leurs apprentissages extérieurs. Par ailleurs, les femmes camerounaises instruites et non instruites ne sont pas interchangeables. Le fait que les femmes instruites aient des taux de fécondité par âge plus faibles et des taux de fécondité prénuptiale plus élevés que les femmes sans instruction n'est pas simplement imputable à leur scolarisation. Leurs pratiques de procréation sont plutôt un élément des ensembles structurés d'aspirations et d'actions résultant des communautés distinctes de pratiques auxquelles elles prennent part. L'école est seulement l'un des lieux de production culturelle que partagent les femmes instruites et au sein desquels elles ont acquis leurs répertoires de pratiques sociales. La question pertinente n'est donc pas simplement de savoir pourquoi les femmes instruites ont si peu d'enfants ou les ont tardivement, mais pourquoi c'est le cas pour les femmes de certaines communautés, et quelle est la place de la scolarité dans les aspirations et les schémas d'intention des acteurs sociaux de ces communautés. L'éducation influence certainement ce que les femmes attendent de la vie et ce qu'elles peuvent raisonnablement en espérer. Cependant, elle s'associe en cela à d'autres sources d'influence, dont certaines sont tout aussi fortes. Dans un contexte aussi complexe et variable que le Cameroun d'aujourd'hui, l'éducation ne suffit pas à expliquer les différences observées.

Nous avons montré que pour rendre compte de façon appropriée de la fécondité en Afrique, il est nécessaire d'en considérer non seulement les modèles statistiques, mais aussi les processus sociaux pertinents qui les sous-tendent. Bien sûr, cette idée n'est pas nouvelle. La relation entre processus sociaux et indicateurs démographiques a fasciné Quetelet et Halbwachs, et est à la base des travaux récents en démographie culturelle et en anthropologie de la population (voir en particulier Bledsoe, 2002 ; Greenhalgh, 1995 ; Hertrich, 1996). À la limite, les statistiques démographiques sont le résidu de la pratique sociale, et il faut, pour les comprendre, porter notre attention sur leurs causes sociales.

Remerciements. L'auteur remercie sincèrement le *Social Science Research Council*, la *National Science Foundation*, le *Population Council* et la *Wenner-Gren Foundation* pour leur soutien financier. Mes remerciements les plus chaleureux vont à Alaka Basu, Caroline Bledsoe, Eugene Hammel, Ronald Lee, David LeVine, Kenneth Wachter et John Wilmoth pour leurs suggestions et leurs commentaires avisés, ainsi qu'à Sarah Walchuck pour l'aide qu'elle m'a apportée lors de la rédaction.

RÉFÉRENCES

ADAMCHAK D., GABO NTSEANE P., 1992, « Gender, education and fertility: A cross-national analysis of sub-saharan nations », *Sociological Spectrum*, 12, p. 167-182.
AGADJANIAN V., 2001, « Religion, social milieu and the contraceptive revolution », *Population Studies*, 55(2), p. 135-148.
AINSWORTH M., 1988, *Socioeconomic Determinants of Fertility in Cote d'Ivoire*, New Haven, Conn., Economic Growth Center, Yale University, 38 p.
ALEXANDRE P., BINET J., 1958, *Le groupe dit Pahouin (Fang-Boulou-Beti)*, Paris, Institut international africain, Puf, 152 p.
ASUAGBOR G., 1994, *Democratization and Modernization in Africa: The Case of Cameroon*, thèse de doctorat en sciences politiques, University of Nevada at Reno, 332 p.
BARBIER J.-C., 1977, *Essai de définition de la chefferie en pays bamiléké*, Yaoundé, ONRST, 32 p.
BASU A.-M., AABY P., 1998, *The Methods and Uses of Anthropological Demography*, Oxford, Clarendon Press, 329 p.

BAYART J.-F., 1989, *The State in Africa: The Politics of the Belly*, traduit en anglais par M. Harper, C. Harrison et E. Harrison, Londres, Longman Press, 370 p.
BECKER G., 1991, *A Treatise on the Family*, Cambridge, Harvard University Press, 424 p.
BLEDSOE C., 2002, *The Contingent Lifecourse*, Chicago, University of Chicago Press, 396 p.
BLEDSOE C., BANJA F., HILL A., 1998, « Reproductive mishaps and western contraception: an african challenge to fertility theory », *Population and Development Review*, 24(1), p. 15-57.
BLEDSOE C., CASTERLINE J., JOHNSON-KUHN J.A., HAAGA J. (éd.), 1999, *Critical Perspectives on Schooling and Fertility in the Developing World*, Washington DC, National Academy Press, 320 p.
BOURDIEU P., 1984, *Distinction: A Social Critique of the Judgement of Taste*, Cambridge, Mass., Harvard University Press, 613 p.
BOURDIEU P., 1990, *The Logic of Practice*, Stanford, Stanford University Press, 333 p.
BURNHAM P., 1996, *The Politics of Cultural Difference in Northern Cameroon*, Smithsonian Institution Press, Washington DC, 210 p.
CALDWELL J., 1980, « Mass education as a determinant of the timing of fertility decline », *Population and Development Review*, 6(2), p. 225-255.
CALDWELL J., CALDWELL P., 1987, « The cultural context of high fertility in Sub-Saharan Africa », *Population and Development Review*, 13(3), p. 409-437.
CARTER A., 1995, « Agency and fertility: for an ethnography of practice », in S. Greenhalgh (éd.), *Situating Fertility: Anthropological and Demographic Inquiry*, Cambridge, Cambridge University Press, p. 55-85.
CASTRO MARTIN T., 1995, « Women's education and fertility: results from 26 demographic and health surveys », *Studies in Family Planning*, 26(4), p. 187-202.
CLELAND J., KAUFMAN G., 1998, « Education, fertility and child survival: unraveling the links », in A. Basu et P. Aaby (éd.), *The Methods and Uses of Anthropological Demography*, Oxford, Clarendon Press, p. 128-152.
COALE A., 1973, « The demographic transition reconsidered », in Congrès international sur la population, Liège 1973, vol. 1, UIESP, p. 53-72.
COMAROFF J., COMAROFF J., 1997, *On Revelation and Revolution*, vol. 2: *The Dialectics of Modernity on a South African Frontier*, Chicago, University of Chicago Press, 588 p.
DELAUNAY V., 1994, *L'entrée en vie féconde : expression démographique des mutations socio-économiques d'un milieu rural sénégalais*, Paris, Centre français sur la population et le développement, Études du Ceped, 7, 326 p.
EASTERLIN R.A., CRIMMINS E.M., 1985, *The Fertility Revolution*, Chicago, The University of Chicago Press, 209 p.
EFRON B., TIBSHIRANI R., 1998, *An Introduction to the Bootstrap. Monographs on Statistics and Applied Probability*, 57, Londres et New York, Chapman and Hall/CRC, 436 p.
FELDMAN-SALVELSBERG P., 1999, *Plundered Kitchens, Empty Wombs*, Ann Arbor, Michigan University Press, 257 p.
FOTSO M., NDOUNOU R., LIBITÉ et al., 1999, *Enquête démographique et de santé Cameroun 1998*, Calverton, Macro International Inc., 328 p.
GEARY C.M., 1986, « On legal change in Cameroon: Women, marriage and bride-wealth », Boston, Boston University, African Studies Center, Working Paper n° 113, 37 p.
GOHEEN M., 1996, *Men Own the Fields, Women Own the Crops: Gender and Power in the Cameroon Grassfields*, Madison, University of Wisconsin Press, 252 p.
GONEN A., 1993, *The Encyclopedia of the Peoples of the World*, New York, H. Holt, 703 p.
GOODY J. (éd.), 1968, *Literacy in Traditional Societies*, Cambridge, Cambridge University Press, 347 p.
GOODY J., WATT I., 1963, « The consequences of literacy », *Comparative Studies in Society and History*, 5, p. 304-345.
GREENHALGH S., (éd.), 1995, *Situating Fertility: Anthropology and Demographic Inquiry*, Cambridge, Cambridge University Press, 304 p.
GREENHALGH S., 1997, « Methods and meanings: reflections on disciplinary difference », *Population and Development Review*, 23, p. 819-824.
GUYER J., 1993, « Wealth in people and self-realization in Equatorial Africa », *Man*, 28, p. 243-265.
GUYER J., 1996, « Traditions of invention in Equatorial Africa », *African Studies Review*, 39(3), p. 1-28.

HAMMEL E.A., 1990, « A theory of culture for demography », *Population and Development Review,* 16(3), p. 455-485.
HANKS W., 2000, *Intertexts: Writings on Language, Utterance, and Context,* Landam, MD, Rowman and Littlefield Press, 327 p.
HERTRICH V., 1996, *Permanences et changements de l'Afrique rurale. Dynamiques familiales chez les Bwa du Mali,* Paris, Centre français sur la population et le développement, Études du Ceped, 14.
JEJEEBHOY S.J., 1995, *Women's Education, Autonomy, and Reproductive Behavior: Experience from Developing Countries,* Oxford, Clarendon Press, 306 p.
JOHNSON-HANKS J., 2002, « The lesser shame: abortion among educated women in southern Cameroon », *Social Science and Medicine,* 55(8), p. 1337-1349.
JOHNSON-KUHN J., 2000, *An Uncertain Honor: Schooling and Family Formation in Catholic Cameroon,* thèse de doctorat, Département d'anthropologie, Northwestern University.
KABERRY P., 1952, *Women of the Grassfields: A Study of the Economic Position of Women in Bamenda, British Cameroon,* Londres, Her Majesty's Stationary Office, 220 p.
KAZEMI F., 2000, « Gender, Islam and politics », *Social Research,* 67(2), p. 453-472.
KREAGER P., 1982, « Demography *in situ* », *Population and Development Review,* 8, p. 237-266.
LABURTHE-TOLRA P., 1977, *Minlaaba,* Lille, Atelier Reproduction des thèses, Paris, diffusion H. Champion, 3 vol.
LABURTHE-TOLRA P., 1981, *Les seigneurs de la forêt : essai sur le passé historique, l'organisation sociale et les normes éthiques des anciens Beti du Cameroun,* Paris, Publications de la Sorbonne, 490 p.
LAVE J., WENGER E., 1991, *Situated Learning: Legitimate Peripheral Participation,* Cambridge, Cambridge University Press, 138 p.
LEMBEZAT B., 1961, *Les populations païennes du Nord-Cameroun et de l'Adamoua,* Paris, Puf, 252 p.
LESTHAEGHE R., 1980, « On the social control of human reproduction », *Population and Development Review,* 6(4), p. 527-548.
LESTHAEGHE R., PAGE H., 1981, *Child Spacing in Tropical Africa,* New York, Academic Press, 332 p.
LEVINE R., WHITE M., 1986, *Human Conditions: The Cultural Basis of Educational Developments,* New York, Kegan Paul, 245 p.
LLOYD C., GAGE-BRANDON A., 1992, « Does sibsize matter? the implications of family size for children's education in Ghana », *Population Council Working Paper,* 45.
MBALA Owono R., 1982, « L'éducation Beti », in *La quête du savoir : essais pour une anthropologie de l'éducation camerounaise,* Santerre et Mercier-Tremblay (éd.), Montréal, Les Presses de l'Université de Montréal, 889 p.
MBEMBE A., ROITMAN J., 1995, « Figures of the subject in times of crisis », *Public Culture,* 7(2), p. 323-352.
McNICOLL G., 1980, « Institutional determinants of fertility change », *Population and Development Review,* 6(3), p. 441-462.
MENSCH B.S., CLARK W.H., LLOYD C.B. *et al.,* 2001, « Premarital sex, schoolgirl pregnancy, and school quality in rural Kenya », *Studies in Family Planning,* 32(4), p. 285-301.
MIDDLETON J., RASSAM J. (éd.), 1991, *Encyclopedia of World Cultures,* Volume Nine (Africa), Boston, Mass., G.K. Hall.
MOUCHET J.-J., 1948. « Prospection ethnologique sommaire de quelques massifs du Mandara », *Bull. Soc. Et. Cam.,* 104-109, I.F.A.N., Yaoundé.
NATIONS UNIES, 1995, « Women's education and fertility behaviour: recent evidence from the demographic and health surveys », New York, UN Department for Economic and Social Information and Policy Analysis.
OBERMEYER C.M., 1997, « Qualitative methods: a key to a better understanding of demographic behavior? », *Population and Development Review,* 23(4), p. 813-818.
OMBOLO J.-P., 1990, *Sexe et societé en Afrique noire,* Paris, L'Harmattan, 395 p.
ONG W., 1982, *Orality and Literacy: The Technologizing of the Word,* London, Methuen Press, 201 p.
PARKER P., 1997, *Ethnic Cultures of the World: A Statistical Reference,* Westport, Conn., Greenwood Press, 408 p.
PICARD-TORTORICI N., 1998, *Quantité et qualité des enfants en présence de mortalité infantile endogène,* thèse de doctorat, Paris, EHESS.

PODLEWSKI A., 1966, *La dynamique des principales populations du Nord Cameroun*, Cahiers Orstom, Série Sciences humaines, 4, 194 p.
POLLACK R.A., WATKINS S.C., 1993, « Cultural and economic approaches to fertility — proper marriage or mesalliance? », *Population and Development Review*, 19(3), p. 467-496.
RICHARD M., 1977, *Traditions et coutumes matrimoniales chez les Mada et les Mouyeng*, Collectanea Instituti Anthropos, 10, St. Augustin, 380 p.
SHAPIRO D., TAMBASHE B.O., 1997, « Education, employment and fertility in Kinshasa and prospects for changes in reproductive behavior », *Population Research and Policy Review*, 16, p. 259-287.
TESSMAN G., 1913, *Die Pangwe: Völkerkundliche Monographie eines west-afrikanischen Negerstammes* (2 vol.), Berlin, Ernst Wasmuth.
VAN DE WALLE E., 1992, « Fertility transition, conscious choice, and numeracy », *Demography*, 29(4), p. 487-502.
VAN DEN BERG A., 1997, *Land Right, Marriage Left. Women's Management of Insecurity in North Cameroon*, Leiden, CNWS Publications, 54, 349 p.
VINCENT J.-F., 1976, *Traditions et transition : entretiens avec des femmes Beti du Sud-Cameroun*, Paris, Orstom, L'homme d'outre mer, ns., 10, 166 p.
WATKINS S., 1990, « From local to national communities: the transformation of demographic regimes in Western Europe, 1870-1960 », *Population and Development Review*, 16(2), p. 241-272.
ZULU E.M., 2001, «Ethnic variations in observance and rationale for postpartum sexual abstinence in Malawi », *Demography*, 38(4), p. 467-479.

JOHNSON-HANKS Jennifer.– **Éducation, ethnicité et pratiques reproductives au Cameroun**

On observe souvent que les femmes instruites ont moins d'enfants que les femmes moins instruites, ce qui appelle une interprétation en termes de lien de cause à effet. Toutefois, les femmes instruites diffèrent de bien d'autres façons des femmes n'ayant jamais fréquenté l'école : les deux facteurs sont liés de façon multiple. Le présent article analyse la relation entre instruction et fécondité dans le Cameroun d'aujourd'hui en tant que phénomène à la fois statistique et social, à l'aide de données tirées de l'enquête démographique et de santé (EDS) de 1998 au Cameroun, ainsi que des données ethnographiques collectées sur le terrain par l'auteur. Ces données montrent que les femmes camerounaises instruites se marient plus tardivement et ont moins d'enfants que leurs consœurs non instruites, conformément à des schémas déjà établis. Toutefois, les femmes instruites ont des taux de fécondité prénuptiale annuelle *plus élevés* que les femmes non instruites, contrairement à ce que prédisent la plupart des modèles causaux. Il est affirmé ici que ces schémas statistiques résultent du niveau élevé de la sélectivité de l'accès à l'école. Les filles instruites viennent de communautés plus tolérantes à l'égard des relations sexuelles prénuptiales, qui accordent une plus grande importance au développement de la personnalité de l'individu, et un rôle moins primordial au mariage. Ensemble, ces différences sociales ont autant d'importance que l'instruction sur la fécondité.

JOHNSON-HANKS Jennifer.– **Education, Ethnicity, and Reproductive Practice in Cameroon**

It is often observed that educated women have lower birth rates than do the less educated, inviting a causal interpretation. However, educated women also differ from those who have never attended school in a variety of other ways: the two factors are multiply related. This article analyzes the relationship between schooling and fertility in contemporary Cameroon as both a statistical and a social phenomenon, using data from the 1998 Cameroon DHS alongside ethnographic field data collected by the author. These data show that educated Cameroonian women marry later and bear fewer children than their uneducated counterparts, in keeping with patterns established comparatively. However, educated women have *higher* annual premarital fertility rates than do the uneducated, in opposition to the predictions of most causal models. The article argues that these statistical patterns result from the high degree of selection into school. Educated girls come from communities that are more tolerant of premarital sex, place greater emphasis on the importance of developing individual character, and accord a less central role to marriage in women's lives. Together, these social differences matter as much for reproductive outcomes as does schooling.

JOHNSON-HANKS Jennifer.– **Educación, etnia y práctica reproductiva en Camerún**

La constatación de que las mujeres educadas tienen índices de fecundidad más bajos que las menos educadas ha suscitado interpretaciones causales. Sin embargo, las mujeres con educación difieren de las que no han ido a la escuela en muchos otros aspectos: entre ambas variables existe una multiplicidad de relaciones. Este artículo analiza la relación existente entre escolarización y fecundidad en el Camerún contemporáneo desde un punto de vista estadístico y social, basándose tanto en datos de la Encuesta Demográfica y de Salud (EDS) de Camerún 1998 como en datos etnográficos recogidos por la autora. Estos datos muestran que, en Camerún, las mujeres educadas se casan más tarde y tienen menos hijos que las mujeres sin educación, manteniendo otros factores constantes. No obstante, a pesar de lo que predice la mayoría de modelos causales, la tasa de fecundidad prematrimonial anual es más elevada entre las mujeres educadas. Este artículo pretende demostrar que estas diferencias estadísticas son debidas al alto nivel de selección entre las escolarizadas. Las jóvenes educadas provienen de comunidades más tolerantes en lo relativo a las relaciones sexuales antes del matrimonio, de medios que dan mayor importancia al desarrollo de la personalidad individual y un papel menos fundamental al papel del matrimonio en la vida de las mujeres. El conjunto de tales diferencias sociales tiene tanta influencia como la escolarización en los comportamientos reproductivos.

Jennifer JOHNSON-HANKS, Département de démographie, université de Californie, 2232 Piedmont Avenue, Berkeley, CA 94720 États-Unis d'Amérique, courriel : johnson-hanks@demog.berkeley.edu

Le réseau familial des personnes âgées de 60 ans ou plus vivant à domicile ou en institution

Aline DÉSESQUELLES* et Nicolas BROUARD*

> *L'allongement de la durée de la vie s'accompagne d'une augmentation du nombre des personnes qui connaissent une situation de dépendance, en particulier après 80 ans. S'il existe des liens entre la dépendance et le placement en institution, ils ne sont pas aussi directs qu'on pourrait le penser. À partir de l'enquête Handicaps-Incapacités-Dépendance de l'Insee, Aline DÉSESQUELLES et Nicolas BROUARD ont comparé la situation des personnes âgées de 60 ans ou plus vivant en ménage ordinaire à celle des personnes résidant en institution. Souvent célibataires, veuves ou divorcées, ces dernières se distinguent par un réseau familial en moyenne sensiblement plus réduit et plus rarement rencontré. Absence de conjoint, fratrie et descendance plus restreintes font partie des « désavantages » qui ne favorisent sans doute pas le maintien à domicile lorsqu'une situation de dépendance survient. Le monde des personnes vivant en institution ne peut pourtant pas être considéré comme homogène, ni du point de vue des motifs d'entrée dans ces établissements, ni du point de vue des contacts avec le réseau familial.*

L'accroissement de l'espérance de vie en France, même s'il s'accompagne d'une baisse de la part des années vécues sans incapacité (Robine *et al.*, 1994), est à l'origine d'une augmentation du nombre de personnes âgées dépendantes qui devrait s'amplifier à mesure que les générations du *baby-boom* vieilliront (Désesquelles, 1999). Ce pronostic pose la question de la prise en charge de la dépendance et renvoie à l'alternative bien connue entre maintien à domicile et « placement » en institution. Parmi plus de 12 millions de personnes âgées de 60 ans ou plus que comptait la France au recensement de 1999 (Courson et Madinier, 2000),

---

* Institut national d'études démographiques, Paris.

près de 500 000 vivaient en institution médico-sociale[1]. Si la détérioration de l'état de santé joue un rôle décisif dans le placement en institution, d'autres facteurs interviennent assurément. On citera en premier lieu l'insuffisance de l'aide disponible, qu'elle soit professionnelle ou informelle, l'insuffisance des ressources ou encore l'inadaptation de l'habitat (Metzger et al., 1997 ; Simon et Fronteau, 1999). Sachant que l'aide aux personnes dépendantes est très souvent apportée par une personne de la famille (Renaut et al., 1995 ; Dutheil, 2001), on s'attend à ce que les personnes n'ayant pas de famille en mesure d'assurer cette aide, quelle qu'en soit la raison (absence de famille ou rupture des liens avec celle-ci, éloignement géographique, incompatibilité avec l'activité professionnelle, etc.), résident, toutes choses étant égales par ailleurs, plus fréquemment en institution.

Les résultats de l'enquête Handicaps-Incapacités-Dépendance (dite enquête HID) de l'Insee (Mormiche, 1998) permettent de vérifier cette hypothèse. En 1998, près de 15 000 personnes vivant en institution médico-sociale ont été interrogées sur les incapacités dont elles souffraient ainsi que sur leur environnement familial. Un an plus tard, un peu plus de 17 000 personnes vivant en ménage ordinaire ont répondu à ce même questionnaire (voir Annexe). On dispose ainsi d'éléments permettant de décrire et de comparer le réseau familial des personnes âgées de 60 ans ou plus selon leur mode d'hébergement (ménage/institution). Les informations recueillies à l'occasion de cette enquête nous ont toutefois conduits à adopter une définition restrictive de la famille : ces informations sont en effet limitées au conjoint[2] de la personne interrogée, à ses enfants et petits-enfants, à ses frères et sœurs ainsi qu'à ses parents et grands-parents. On ne sait rien des éventuels beaux-enfants, beaux-frères et belles-sœurs, ou même des arrière-petits-enfants de la personne interrogée.

Précisons enfin que les personnes étaient interrogées sur leur descendance, leur ascendance et leur fratrie (en ce qui concerne les personnes en vie). Le réseau familial que nous allons décrire est donc susceptible d'être le lieu d'échanges plus ou moins réguliers (visites, conversations téléphoniques, correspondance, aides diverses). Afin d'étudier l'impact de ce réseau au regard du mode d'hébergement des individus, nous décrirons d'abord le réseau familial « potentiel » des personnes âgées de 60 ans ou plus, puis nous nous intéresserons à l'activité de ce réseau en comparant de nouveau la situation des personnes vivant en ménage ordinaire à celle des personnes résidant en institution.

---

[1] Institutions pour personnes âgées (maisons de retraite, hospices, résidences d'hébergement temporaire pour personnes âgées, etc.), unités de soins de longue durée des établissements hospitaliers, établissements psychiatriques et institutions pour adultes.

[2] Conjoint marié ou non marié.

I. Le réseau familial « potentiel »

1. *État matrimonial et situation de couple*

Parmi les personnes âgées de 60 ans ou plus vivant en ménage ordinaire 64 % sont mariées, contre 9 % seulement des personnes du même groupe d'âges résidant en institution (tableau 1). La comparaison des proportions de personnes vivant en couple (marié ou non) donne un résultat très similaire : 65 % des personnes appartenant à un ménage ordinaire vivent en couple contre 8 % des personnes résidant en institution. En effet, dans les ménages ordinaires, 98 % des personnes mariées vivent en couple tandis que 96 % des non-mariés ne vivent pas en couple ; en institution, ces proportions sont respectivement de 81 % et 99,6 %[3].

TABLEAU 1.– RÉPARTITION PAR ÉTAT MATRIMONIAL DES PERSONNES ÂGÉES DE 60 ANS OU PLUS SELON LE MODE D'HÉBERGEMENT (EN %)

	Célibataires	Veufs	Séparés, divorcés	Mariés	Ensemble
En ménage ordinaire	6	25	5	64	100
En institution	24	62	5	9	100
Ensemble des 60 ans ou plus	7	27	5	61	100
Source : Insee, enquête HID 1998-1999.					

Le tableau 2 indique la proportion de personnes vivant en institution dans chaque groupe d'âges décennaux, selon le sexe et l'état matrimonial légal. Par rapport aux personnes mariées, la surreprésentation des personnes veuves, séparées, divorcées et, plus encore, des célibataires dans les institutions y est très clairement mise en évidence : moins de 1 % des personnes mariées sont hébergées en institution contre 13 % des célibataires, 9 % des veufs ou veuves et 5 % des personnes séparées ou divorcées. L'augmentation avec l'âge de la proportion de personnes vivant en institution (de 1,1 % chez les hommes et 0,8 % chez les femmes âgés de 60-69 ans à 20,8 % chez les hommes et 34,2 % chez les femmes âgés de 90 ans ou plus) se vérifie quel que soit l'état matrimonial. Enfin, alors que jusqu'à 80 ans, les hommes, qu'ils soient célibataires, veufs ou mariés résident plus souvent en institution que les femmes, la situation s'inverse aux âges plus élevés : 18,4 % des femmes âgées de 80 ans ou plus vivent en institution contre 9,7 % des hommes du même groupe d'âges.

Comment expliquer la sous-représentation des personnes mariées en institution ? Présumant le rôle joué par la survenue ou l'aggravation de la dépendance dans l'entrée en institution, on peut se demander si la préva-

---

[3] Par ailleurs, les personnes résidant en institution qui déclarent être en couple ne vivent pas forcément avec leur conjoint : seulement 45 % d'entre elles vivent réellement avec leur conjoint.

lence de la dépendance ne serait pas plus élevée chez les personnes « seules » que chez les personnes mariées. Comme dans le cas de l'étude de la mortalité différentielle selon le statut matrimonial (Vallin et Nizard, 1977 ; Colin, 1996), deux hypothèses pourraient être avancées pour expliquer la différenciation du risque de dépendance selon l'état matrimonial. La première est celle d'un effet de sélection : selon cette hypothèse, l'existence ou l'absence d'incapacités expliquerait, au moins en partie, l'état matrimonial des individus ; le cas des personnes handicapées, restées célibataires en raison de ce handicap, en serait l'illustration la plus parlante. Dans le cas des veufs, on peut imaginer qu'un effet de sélection agit de la façon suivante. On sait que les risques de décéder et de souffrir d'incapacités augmentent lorsque l'on descend dans la hiérarchie sociale (Desplanques, 1993 ; Mesrine, 1999 ; Cambois, 1999). En conséquence, la probabilité pour que l'un des membres d'un couple devienne veuf et souffre d'incapacités est plus forte si les conjoints sont ouvriers que s'ils sont cadres. La deuxième hypothèse est celle d'un effet protecteur du mariage. On trouve dans la littérature différents exemples d'effets bénéfiques attribuables à la présence d'un conjoint (contrôle exercé par le conjoint sur les comportements – en particulier consommation d'alcool et de tabac et comportements alimentaires –, incitation au suivi médical, soutien moral et affectif, etc.) qui, de toute évidence, ne sont pas sans conséquences sur la survenue d'incapacités.

TABLEAU 2. – PROPORTION DE PERSONNES VIVANT EN INSTITUTION SELON L'ÉTAT MATRIMONIAL, L'ÂGE ET LE SEXE (EN %)

	Célibataires	Veufs	Séparés, divorcés	Mariés	Ensemble
Hommes					
60-69 ans	10,7	(2,8)	2,4	0,1	1,1
70-79 ans	14,1	5,2	(4,1)	0,4	2,0
80-89 ans	22,8	12,4	(15,3)	3,4	8,1
90 ans ou plus	(24,9)	26,5	(9,9)	(10,0)	20,8
Ensemble	13,8	10,0	3,6	0,6	2,6
Femmes					
60-69 ans	4,2	1,1	1,7	0,1	0,8
70-79 ans	10,2	2,9	3,4	0,6	2,5
80-89 ans	35,1	15,2	12,5	4,3	14,8
90 ans ou plus	53,2	32,9	27,9	(14,6)	34,2
Ensemble	12,7	9,1	4,8	0,6	5,3

Note : les proportions figurant entre parenthèses ont été calculées à partir d'effectifs faibles et doivent être interprétées avec précaution.
Source : Insee, enquête HID 1998-1999.

Le tableau 3 retrace la prévalence de la dépendance (qu'elle soit d'origine physique et/ou psychique) selon l'âge, le sexe et l'état matrimonial.

Nous avons considéré comme dépendantes physiquement :
— les personnes confinées au lit ou au fauteuil ;
— les personnes ayant besoin d'aide pour la toilette ou l'habillage ;
— les personnes ayant besoin d'aide pour sortir de leur domicile ou de l'institution.

TABLEAU 3. – PROPORTION DE PERSONNES DÉPENDANTES[1] SELON L'ÂGE, LE SEXE ET L'ÉTAT MATRIMONIAL (EN %)

	Célibataires	Veufs	Séparés, divorcés	Mariés	Ensemble
Hommes					
60-69 ans	15,4	(42,9)	5,9	12,0	12,7
70-79 ans	25,3	13,6	(22,5)	19,0	19,2
80-89 ans	28,8	33,6	(25,9)	35,1	34,0
90 ans ou plus	(17,3)	47,9	(5,0)	(60,8)	49,5
Ensemble	21,0	29,5	11,4	17,0	18,2
Femmes					
60-69 ans	10,8	12,1	13,9	10,1	10,7
70-79 ans	22,4	18,2	15,6	16,9	17,8
80-89 ans	48,9	45,5	44,1	32,1	43,4
90 ans ou plus	83,9	74,7	(81,1)	(85,6)	76,3
Ensemble	23,3	30,5	21,2	14,1	15,9

[1] Dépendance physique et/ou psychique (voir texte).
Note : les proportions figurant entre parenthèses ont été calculées à partir d'effectifs faibles et doivent être interprétées avec précaution.
Source : Insee, enquête HID 1998-1999.

La dépendance psychique est quant à elle établie à partir des réponses aux questions suivantes :
— orientation dans l'espace et dans le temps : « Avez-vous des difficultés à trouver ou retrouver votre chemin quand vous sortez ? » et « Vous arrive-t-il de ne plus vous souvenir à quel moment de la journée on est ? » ;
— cohérence : « Communiquez-vous avec votre entourage sans l'aide de quelqu'un ? ».

Nous avons considéré comme dépendantes sur le plan psychique les personnes totalement incohérentes ou toujours désorientées ainsi que les personnes partiellement incohérentes et parfois désorientées.

Parmi les personnes âgées de 60 ans ou plus, 14,1 % des femmes mariées sont dépendantes contre 21,2 % des femmes séparées ou divorcées, 23,3 % des célibataires et 30,5 % des veuves. Chez les hommes, les veufs (29,5 %) et les célibataires (21 %) sont aussi plus souvent dépendants que les hommes mariés (17 %) mais ce sont les hommes séparés ou divorcés qui sont le plus épargnés par la dépendance (11,4 %). La structure par âge très différente selon l'état matrimonial pourrait expliquer en partie ces résultats. Lorsque l'on tient compte de l'âge, les choses sont beaucoup moins claires qu'il y paraît de prime abord. Chez les hommes comme chez les femmes, l'avantage des personnes mariées par rapport aux autres en termes de dépendance ne se confirme pas dans chaque groupe d'âges.

Quand bien même les personnes mariées et non mariées auraient des probabilités identiques d'être dépendantes, on imagine sans peine qu'une fois la dépendance survenue, la présence d'un conjoint favorise le maintien à domicile, pourvu que celui-ci soit lui-même valide et donc en mesure de jouer le rôle d'aidant. On s'attend en outre à ce que cet effet s'estompe avec l'âge : la probabilité que le conjoint aidant devienne lui-même dépendant augmente en effet à mesure que le couple vieillit. C'est ce que montre effectivement la figure 1 : chez les hommes comme chez les femmes, le risque relatif pour les célibataires et les veufs de vivre en institution par rapport aux personnes mariées diminue avec l'âge.

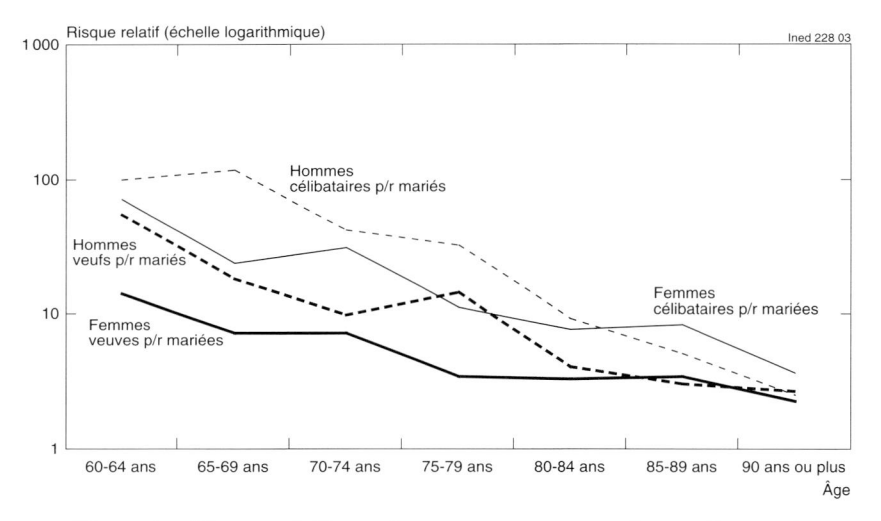

Figure 1.– Risque relatif pour les personnes veuves (respectivement les personnes célibataires) de vivre en institution par rapport aux personnes mariées, selon l'âge et le sexe

Source : Insee, enquête HID 1998-1999.

2. Enfants, petits-enfants, frères et sœurs

Les données de l'enquête HID permettent d'aller bien au-delà de la description du statut matrimonial légal. Il est ainsi possible de comparer le réseau familial horizontal (fratrie) et vertical (enfants et petits-enfants en particulier) des personnes âgées de 60 ans ou plus selon qu'elles vivent en ménage ordinaire ou en institution.

Un peu plus de la moitié des personnes résidant en institution n'ont ni frère ni sœur en vie (tableau 4)[4], alors que cette proportion n'est que de 27 % en ménage ordinaire. Mais la population vivant en institution est plus âgée que celle des ménages ordinaires : l'écart entre l'âge moyen de ces deux groupes est de plus de 10 ans (83,2 ans pour les premiers contre 71,5 ans pour les seconds). Pour éliminer ce biais, nous avons calculé quelle serait la proportion de personnes n'ayant ni frère ni sœur en vie parmi celles qui vivent en institution si elles avaient la même structure par âge que la population des ménages ordinaires âgée de 60 ans ou plus (standardisation). La proportion se réduit alors très sensiblement (de 54 % à 35 %) mais la différence de structure par âge et par sexe des deux populations n'explique pas complètement l'écart initialement observé. Dans chaque groupe d'âges, le nombre moyen de frères et sœurs en vie des personnes résidant en institution est lui aussi inférieur à celui des personnes en ménage ordinaire (tableau 5). Les personnes âgées de 60 ans ou plus vivant en ménage ordinaire ont en moyenne 1,9 frère et sœur en vie quand les personnes du même groupe d'âges résidant en institution n'en ont que 0,9.

TABLEAU 4. – PROPORTION DE PERSONNES ÂGÉES DE 60 ANS OU PLUS N'AYANT NI FRÈRE NI SŒUR EN VIE, SELON LE MODE D'HÉBERGEMENT

	Proportion (en %)
En ménage ordinaire	27
En institution	
— avant standardisation	54
— après standardisation*	35

* Standardisation sur la répartition par âge et par sexe des personnes vivant en ménage ordinaire.
Source : Insee, enquête HID 1998-1999.

TABLEAU 5. – NOMBRE MOYEN DE FRÈRES ET SŒURS EN VIE SELON L'ÂGE ET LE MODE D'HÉBERGEMENT

	En ménage ordinaire	En institution
60-69 ans	2,4	1,9
70-79 ans	1,7	1,4
80-89 ans	1,1	0,8
90 ans ou plus	0,6	0,4
Ensemble des 60 ans ou plus	1,9	0,9

Source : Insee, enquête HID 1998-1999.

L'examen de la descendance des personnes âgées de 60 ans ou plus conduit à des conclusions similaires. En ménage ordinaire, la proportion de personnes n'ayant pas d'enfant en vie n'est que de 14 %, contre 40 % en institution (tableau 6). De nouveau, cet écart peut résulter d'une dif-

---

[4] Il ne nous a pas semblé nécessaire de distinguer dans ce tableau les hommes des femmes dans la mesure où leur situation n'est pas significativement différente au regard de la taille de la fratrie en vie.

férence de structure par âge et par état matrimonial entre les deux populations. Si les personnes âgées de 60 ans ou plus résidant en institution avaient la même structure par âge et par état matrimonial que la population des ménages ordinaires, la proportion de personnes n'ayant pas d'enfant en vie dans les institutions ne serait que de 23 %, mais elle resterait supérieure à celle observée en ménage ordinaire. Dans chaque groupe d'âges, le nombre moyen d'enfants en vie, de même que le nombre moyen d'enfants et petits-enfants en vie, est sensiblement plus élevé en ménage ordinaire qu'en institution (tableau 7[5]). L'écart apparaît particulièrement marqué dans les groupes d'âges les plus jeunes, qui sont aussi ceux où la surreprésentation des célibataires dans les institutions est la plus forte. On note également qu'en ménage ordinaire, le nombre moyen d'enfants en vie diminue avec l'âge. Cette évolution résulte d'une part de l'augmentation de la probabilité de décéder des enfants lorsque, comme leurs parents, ils vieillissent, mais également de la descendance finale plus faible des générations les plus anciennes : les femmes de la génération 1930 ont eu en

TABLEAU 6. – PROPORTION DE PERSONNES ÂGÉES DE 60 ANS OU PLUS N'AYANT PAS D'ENFANT EN VIE, SELON LE MODE D'HÉBERGEMENT

	Proportion (en %)
En ménage ordinaire	14
En institution — avant standardisation — après standardisation*	 40 23

* Standardisation sur la répartition par âge et par état matrimonial des personnes vivant en ménage ordinaire.
Source : Insee, enquête HID 1998-1999.

TABLEAU 7. – NOMBRE MOYEN D'ENFANTS ET PETITS-ENFANTS EN VIE SELON L'ÂGE ET LE MODE D'HÉBERGEMENT

	Nombre moyen d'enfants vivants		Nombre moyen d'enfants et petits-enfants vivants	
	En ménage ordinaire	En institution	En ménage ordinaire	En institution
60-69 ans	2,3	0,9	5,6	1,8
70-79 ans	2,4	1,3	6,7	2,9
80-89 ans	2,2	1,6	6,6	4,1
90 ans ou plus	1,7	1,3	5,8	3,7
Ensemble des 60 ans ou plus	2,3	1,4	6,2	3,5

Source : Insee, enquête HID 1998-1999.

---

[5] Le tableau 7 ne permet pas de comparer la situation des hommes et des femmes. Dans un même groupe d'âges, le nombre moyen d'enfants en vie des hommes et des femmes n'est pas significativement différent. En revanche, le nombre moyen de petits-enfants des femmes (4,2 en moyenne) est, en ménage comme en institution, toujours supérieur à celui des hommes (3,3 en moyenne).

moyenne 2,64 enfants contre 2,11 pour les femmes de la génération 1900. En institution, cette évolution ne se retrouve pas. Ce contraste tient de nouveau à la différence de structure par état matrimonial des deux populations : si l'on exclut les célibataires du calcul, le nombre moyen d'enfants en vie des personnes âgées de 60 ans ou plus décroît avec l'âge, en ménage comme en institution (tableau 8).

TABLEAU 8. – NOMBRE MOYEN D'ENFANTS EN VIE DES PERSONNES NON CÉLIBATAIRES SELON L'ÂGE ET LE MODE D'HÉBERGEMENT

	Nombre moyen d'enfants vivants	
	En ménage ordinaire	En institution
60-69 ans	2,5	2,2
70-79 ans	2,5	2,1
80-89 ans	2,2	1,9
90 ans ou plus	1,8	1,5
Ensemble	2,4	1,8

Source : Insee, enquête HID 1998-1999.

Nous avons synthétisé l'ensemble des informations relatives à l'entourage familial des personnes âgées de 60 ans ou plus en distinguant cinq grands types de situations familiales[6] (voir encadré). En ménage ordinaire, 3 personnes sur 5 ont un conjoint et des enfants (tableau 9) ; à structure par âge et par sexe identique, ce ne serait le cas que d'une personne sur dix en institution. Avoir des enfants mais pas de conjoint est la situation la plus fréquente en institution (57 % des cas). Mais les situations plus défavorables sur le plan de l'étendue du réseau familial sont également surreprésentées en institution : un tiers des personnes âgées de 60 ans ou plus résidant en institution n'ont ni conjoint ni descendant, contre 8 % seulement en ménage ordinaire.

TABLEAU 9. – SITUATION FAMILIALE DES PERSONNES ÂGÉES DE 60 ANS OU PLUS SELON LE MODE D'HÉBERGEMENT (RÉPARTITIONS EN %)

	Seul	Seul avec fratrie	Seul avec descendance	En couple sans descendance	En couple avec descendance
En ménage ordinaire	2	6	27	5	60
En institution — avant standardisation — après standardisation*	17 15	18 35	57 39	2 2	6 9

* Standardisation sur la répartition par âge et par sexe des personnes vivant en ménage ordinaire.
Source : Insee, enquête HID 1998-1999.

---

[6] Cette situation a pu être précisée pour 99 % des personnes vivant en ménage ordinaire et 91 % de celles qui résident en institution.

> **Typologie des situations familiales**
>
> *Seul* : personne sans conjoint* vivant, sans descendance, sans fratrie ni ascendance.
>
> *Seul avec fratrie* : personne sans conjoint vivant, sans descendance, avec fratrie et éventuellement ascendance.
>
> *Seul avec descendance* : personne sans conjoint vivant, avec descendance et éventuellement fratrie et/ou ascendance.
>
> *Couple sans descendance* : personne avec conjoint vivant, sans descendance, éventuellement avec fratrie et/ou ascendance.
>
> *Couple avec descendance* : personne avec conjoint vivant, avec descendance et éventuellement fratrie et/ou ascendance.
>
> ———————
>
> *La notion de conjoint est entendue au sens large : les couples non mariés sont classés avec les couples mariés.

3. L'effet répondant : un réseau familial moins bien cerné en institution ?

Nous avons jusqu'à présent passé sous silence une différence notable dans le mode de passation des questionnaires en institution et en ménage ordinaire, qui résulte de la fréquence élevée des situations de dépendance en institution : alors qu'en ménage ordinaire, 82 % des personnes interrogées ont répondu sans aide, cette proportion n'est que de 36 % en institution. Dans les autres cas, la personne a répondu avec aide (28 %) ou c'est une tierce personne, le plus souvent un membre du personnel de l'établissement, qui a répondu au questionnaire (36 %). On peut s'interroger sur la fiabilité de l'information donnée par une tierce personne. Intuitivement, on est tenté de penser que l'étendue du réseau familial des personnes n'ayant pas répondu elles-mêmes au questionnaire doit être sous-estimée. Les choses sont en réalité plus complexes.

Quelle que soit la variable étudiée (nombre de frères et sœurs, nombre d'enfants, nombre de petits-enfants), l'effet de l'identité du répondant sur les résultats apparaît en effet complètement opposé en ménage et en institution. En institution, la situation est conforme à nos attentes : à âge égal, la taille du réseau familial est plus élevée lorsque l'enquêté a répondu seul au questionnaire que lorsqu'il y a répondu avec une aide partielle ou totale. En ménage ordinaire, on observe le phénomène inverse. Le recours à une aide pour répondre à l'enquête ayant été beaucoup plus fréquent en institution qu'en ménage ordinaire, les écarts constatés précédemment surestiment vraisemblablement les écarts réels mais le « désavantage » des personnes résidant en institution par rapport aux personnes vivant en ménage ordinaire ne saurait être remis en question. Dans un même groupe d'âges et à modalité de passation du questionnaire identique (réponse sans aide, réponse avec aide, réponses entièrement fournies par une tierce personne), le réseau familial des personnes en institution demeure en effet très significativement plus réduit que celui des personnes vivant en ménage ordinaire. Le réseau familial proche[7] des personnes vivant en ménage ordinaire comprend en moyenne 8,7 individus contre 4,6 pour les personnes résidant en institution (tableau 10). L'écart apparaît encore plus marqué lorsqu'on ne tient compte que des individus ayant répondu à l'enquête par l'intermédiaire d'une tierce personne (9,2 contre 3,6 personnes) et en revanche un peu plus faible lorsque le répondant est la personne sélectionnée pour l'enquête (8,6 contre 5,1 personnes).

TABLEAU 10.– TAILLE MOYENNE DU RÉSEAU FAMILIAL PROCHE[1] SELON L'IDENTITÉ DU RÉPONDANT ET LE MODE D'HÉBERGEMENT

Répondant	En ménage ordinaire	En institution	Ensemble
Ego seul	8,6	5,1	8,5
Ego avec aide	10,1	4,7	9,3
Tierce personne	9,2	3,6	8,7
Ensemble des 60 ans ou plus	8,7	4,6	8,6

[1] Réseau restreint au conjoint (au sens large), aux enfants, aux petits-enfants et aux frères et sœurs en vie.
Source : Insee, enquête HID 1998-1999.

4. Situation familiale et probabilité d'être en institution

La figure 2 fournit une illustration synthétique des résultats présentés jusqu'ici. Pour chaque groupe d'âges considéré, la probabilité de résider en institution diminue à mesure que la taille de la famille s'accroît. Si 15 % des personnes dépendantes vivent en institution, cette proportion culmine à 70 % s'il s'agit d'une personne seule et tombe à 2 % parmi celles qui ont un conjoint et des enfants (tableau 11). L'effet de l'environnement familial sur la probabilité de résider en institution est donc très fort. Pour mesurer plus précisément cet effet par rapport à celui d'autres caractéristiques individuelles également susceptibles de peser dans la décision d'entrer en institution, nous avons eu recours à un modèle de régression logistique. Les variables suivantes ont été prises en compte dans le modèle : le sexe, l'âge, la situation de couple, avoir des enfants, des petits-enfants, des frères ou des sœurs en vie, la présence d'une dépendance physique et/ou psychique. Les trois critères servant à repérer la dépendance physique ont été utilisés pour constituer des groupes exclusifs :

— groupe 1 : personnes confinées au lit ou au fauteuil ;

— groupe 2 : personnes n'appartenant pas au groupe 1 et ayant besoin d'aide pour la toilette ou l'habillage ;

---

[7] Restreint au conjoint (au sens large), aux enfants, aux petits-enfants et aux frères et sœurs en vie.

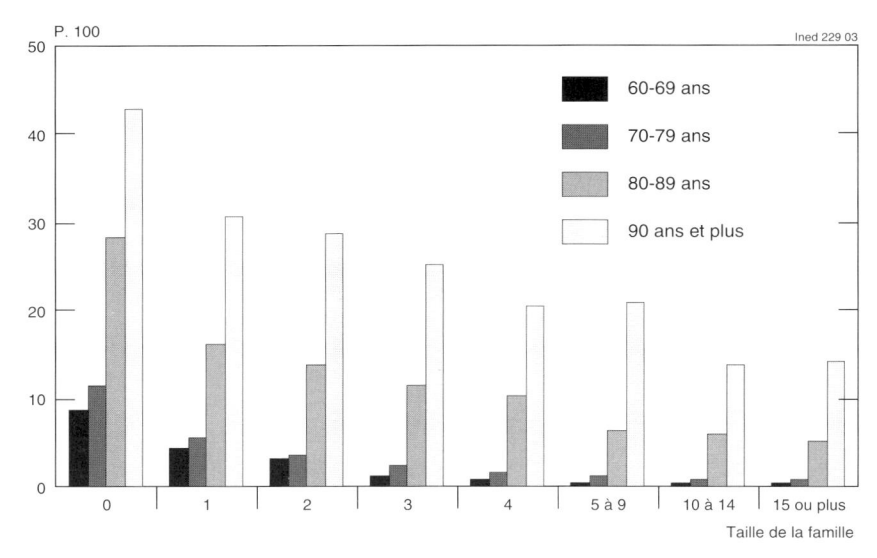

Figure 2.— Probabilité de résider en institution selon l'âge et la taille de la famille
Source : Insee, enquête HID 1998-1999.

Tableau 11.— Proportion de personnes résidant en institution selon la situation familiale et la situation de dépendance (en %)

	Seul	Seul avec fratrie	Seul avec descendance	En couple sans descendance	En couple avec descendance	Ensemble
Personnes dépendantes[1]	70	35	23	7	2	15
Personnes non dépendantes	8	4	2	< 1	< 1	1
Ensemble	27	11	8	1	< 1	4

[1] Dépendance physique et/ou psychique (voir texte).
Source : Insee, enquête HID 1998-1999.

— groupe 3 : personnes n'appartenant pas aux groupes 1 et 2 et ayant besoin d'aide pour sortir de leur domicile ou de l'institution.

Nous supposerons que ce découpage rend compte de façon satisfaisante de la sévérité plus ou moins grande de la dépendance physique. Nous avons par ailleurs introduit dans le modèle une variable caractérisant l'origine sociale de la personne interrogée. Cette variable correspond à la dernière catégorie socioprofessionnelle de la personne interrogée ou à celle de son conjoint ou ancien conjoint si la personne interrogée n'a jamais travaillé.

L'analyse des résultats du modèle[8] met en évidence un effet très significatif des variables décrivant l'entourage familial des individus sur la probabilité de résider en institution (tableau 12). L'effet le plus marqué est celui de la situation de couple. Toutes choses égales par ailleurs, les personnes en couple ont un risque beaucoup plus faible de vivre en institution que les personnes seules (OR = 0,09). L'absence de conjoint est donc un facteur clé de l'entrée en institution. En outre, avoir des enfants, qu'il s'agisse de filles ou de garçons, favorise grandement le maintien à domicile. L'effet de la présence de frères et sœurs ou de petits-enfants apparaît difficile à déterminer en raison de la méconnaissance de la situation d'un cinquième des personnes hébergées en institution à cet égard.

On s'attendait à trouver un effet très fort de la présence d'une dépendance physique sur la probabilité de vivre en institution : les résultats obtenus dépassent nos attentes. La dépendance physique, associée ou non à une dépendance psychique, est une variable très discriminante et son influence apparaît d'autant plus forte que la sévérité de la dépendance est grande. L'absence d'effet de la dépendance psychique seule est plus surprenante. On peut aussi s'étonner de constater qu'une fois la présence d'une dépendance contrôlée, l'effet de l'âge demeure. Faut-il y voir un effet de génération ? Soulignons que si notre modèle inclut un nombre important de variables, il ne prétend évidemment pas prendre en compte toute l'hétérogénéité de la population étudiée. En particulier, le niveau de ressources n'apparaît pas ici de manière explicite et la variable « origine sociale » ne neutralise sans doute qu'en partie l'hétérogénéité de la population sur le plan socio-économique. Il est possible que cet effet propre de l'âge dissimule celui de différences de revenus.

L'origine sociale apparaît en tout cas fortement discriminante. L'analyse oppose les employés (OR = 8,55), les professions intermédiaires (OR = 4,81) et les ouvriers (OR = 3,41) aux artisans, commerçants et chefs d'entreprise (OR = 1,44) et aux agriculteurs (OR = 1,00). Les cadres et les professions intellectuelles supérieures (OR = 2,69) se situent dans une position intermédiaire. Les catégories sociales les moins aisées ont donc, toutes choses égales par ailleurs, un risque plus élevé d'être placées en institution mais l'argument économique ne convient pas pour expliquer la position des cadres et des agriculteurs. La « hiérarchie » observée semble plutôt correspondre à une opposition entre anciens salariés et anciens indépendants. Dans le cas particulier des agriculteurs, une hypothèse explicative possible est celle de l'existence d'une solidarité de proximité plus développée, favorisée notamment par la proximité géographique plus fréquente de membres de la famille.

---

[8] Sur les 15 904 personnes âgées de 60 ans ou plus, 415 n'ont pu être prises en compte dans cette analyse en raison de valeurs manquantes pour l'une au moins des variables du modèle. Ces personnes résident plus souvent en institution que celles pour lesquelles on dispose d'une information complète (42 % contre 4 %).

TABLEAU 12. – FACTEURS INFLUENÇANT LA PROBABILITÉ DE RÉSIDER EN INSTITUTION (RÉSULTATS DE LA RÉGRESSION LOGISTIQUE)

	Odds ratio (OR)	Significativité
Sexe		
Homme (Réf.)	1,00	
Femme	0,52	****
Âge		
60-69 ans (Réf.)	1,00	
70-79 ans	1,58	*
80-89 ans	3,40	****
90 ans ou plus	4,54	****
Variables relatives à la situation familiale		
Pesonne seule (Réf.)	1,00	
En couple	0,09	****
Pas d'enfants (Réf.)	1,00	
Au moins un garçon et pas de fille	0,43	***
Au moins une fille et pas de garçon	0,35	****
Au moins une fille et un garçon	0,30	****
Pas de petits-enfants (Réf.)	1,00	
A des petits-enfants	0,81	n.s.
Inconnu	10,00	****
Ni frères ni sœurs (Réf.)	1,00	
Au moins un frère ou une sœur	0,77	*
Inconnu	14,00	****
Situation de dépendance		
Pas de dépendance (Réf.)	1,00	
Dépendance psychique et :		
— confinement au lit ou au fauteuil	40,51	****
— difficultés pour la toilette ou l'habillage	21,32	****
— difficultés pour sortir sans aide	10,20	****
Dépendance psychique seule	0,95	n.s.
Dépendance physique seule :		
— confinement au lit ou au fauteuil	35,92	****
— difficultés pour la toilette ou l'habillage	9,40	****
— difficultés pour sortir sans aide	7,43	****
Origine sociale[1]		
Agriculteur (Réf.)	1,00	
Artisan, commerçant, chef d'entreprise	1,44	n.s.
Origine inconnue	1,49	n.s.
Cadre et profession intellectuelle supérieure	2,69	***
Ouvrier	3,41	****
Pas d'activité professionnelle	4,26	****
Profession intermédiaire	4,81	****
Employé	8,55	****
Constante	– 3,98	****

[1] Dernière CSP de la personne interrogée ou de son conjoint ou ancien conjoint si elle n'a jamais travaillé.
n.s. : non significatif au seuil de 5 % ; * : p < 0,05 ; ** : p < 0,01 ; ***p < 0,001 ; **** : p < 0,0001.
Champ : ensemble des personnes âgées de 60 ans ou plus.
Source : Insee, enquête HID 1998-1999.

Enfin, une fois toutes ces variables contrôlées, les femmes ont une probabilité plus faible de vivre en institution que les hommes[9]. L'effet du sexe sur la probabilité de résider en institution dépend de la situation de couple : la même analyse effectuée exclusivement sur les personnes en couple montre qu'il n'y a pas de différence significative entre hommes et femmes. L'avantage des femmes sur les hommes ressort en revanche accru d'une analyse ne portant que sur les personnes seules. Les femmes, traditionnellement habituées à prendre en charge les tâches ménagères, font sans doute mieux face à la solitude que les hommes.

II. Le réseau familial « actif »

Les personnes âgées de 60 ans ou plus résidant en institution ont en moyenne un réseau familial plus réduit que les personnes du même groupe d'âges vivant en ménage ordinaire. Mais on peut imaginer que ce désavantage puisse être compensé par une intensité plus grande des liens unissant la personne à sa famille. Plus généralement, on peut se demander quels sont les facteurs qui influent sur « l'activité » du réseau familial. Quel est par exemple l'impact de la présence d'une dépendance ? Nous répondrons à ces questions en donnant d'abord à la notion d'activité un sens très minimaliste (existence de contacts) avant de recourir à des critères plus exigeants pour apprécier l'intensité de la relation existant entre la personne âgée et les membres de son entourage proche.

Les répondants à l'enquête HID ayant déclaré avoir de la famille étaient d'abord invités à répondre à la question suivante : « Parmi les parents que vous venez de citer, y en a-t-il qui habitent avec vous ou avec qui vous ayez des contacts ? ». 5 % des personnes âgées de 60 ans ou plus ayant de la famille ont répondu négativement à cette question, cette proportion étant significativement plus élevée en institution (12 %) qu'en ménage ordinaire (5 %) (tableaux 13 et 14). En combinant l'information sur la présence d'une famille d'une part, et sur l'existence de contacts avec celle-ci d'autre part, on obtient une mesure de l'isolement (situation des personnes qui n'ont pas de famille et de celles qui ont une famille mais pas de contacts avec elle). Beaucoup plus fréquent en institution (27 %) qu'en ménage (7 %), l'isolement est aussi plus souvent féminin (9 %) que masculin (5 %). Alors que dans les ménages ordinaires, la fréquence de l'isolement s'élève avec l'âge, passant de 4 % à 60-69 ans à 10 % à 90 ans ou plus, la tendance observée en institution est plutôt inverse. On note en particulier qu'à 60-69 ans, près de 2 personnes sur 5 vivant en institution sont isolées.

---

[9] Nous avons noté plus haut à propos du tableau 2 qu'au-delà de 80 ans, les femmes vivent plus souvent en institution que les hommes. Ce résultat n'est pas contradictoire avec celui observé ici : à 80 ans ou plus, les femmes sont en effet plus souvent dépendantes que les hommes (51 % contre 36 %) et plus souvent seules que ceux-ci (86 % contre 42 %).

TABLEAU 13. – PROPORTION DE PERSONNES ISOLÉES[1] SELON L'ÂGE,
LE SEXE ET LE MODE D'HÉBERGEMENT (EN %)

	Mode d'hébergement		Sexe		Ensemble
	En ménage ordinaire	En institution	Hommes	Femmes	
60-69 ans	4	37	4	5	5
70-79 ans	8	27	5	11	9
80-89 ans	11	23	8	14	12
90 ans ou plus	10	27	14	16	16
Ensemble des 60 ans ou plus	7	27	5	9	7

[1] Personnes n'ayant pas de famille et personnes ayant une famille avec laquelle elles n'ont pas de contacts.
Source : Insee, enquête HID 1998-1999.

TABLEAU 14. – RÉPARTITION DE LA POPULATION ÂGÉE DE 60 ANS OU PLUS
SELON LA FRÉQUENCE DES RENCONTRES AVEC LA FAMILLE PROCHE
PAR MODE D'HÉBERGEMENT (EN %)

	Pas de famille	A de la famille Fréquence des rencontres				Ensemble
		Pas de rencontre	Moins d'une fois par mois	Au moins une fois par mois	Au moins une fois par semaine	
En ménage ordinaire	2	5	4	4	85	100
En institution	17	10	16	14	43	100
Ensemble	2	5	4	5	84	100

Source : Insee, enquête HID 1998-1999.

Restent donc 93 % des personnes âgées de 60 ans ou plus qui ont des contacts avec leur famille proche. Ces personnes étaient interrogées sur la fréquence à laquelle elles voient les membres de leur famille. Plus précisément, l'information collectée porte sur le conjoint et les parents de la personne interrogée et se limite, pour le reste de la famille, aux deux enfants et aux deux frères ou sœurs[10] que la personne voit le plus souvent. Nous utiliserons le terme de « rencontre » pour désigner un parent que la personne interrogée a l'occasion de voir. Une rencontre mensuelle (resp. hebdomadaire) correspond à un parent que la personne interrogée voit au moins une fois par mois (resp. par semaine).

15 % des personnes âgées de 60 ans ou plus vivant en ménage ordinaire cohabitent avec un parent proche autre que le conjoint et 16 % vivent à proximité d'un parent proche. La fréquence des rencontres entre la personne interrogée et les personnes de la famille qui résident à proximité d'elle ou cohabitent avec elle n'est pas connue. Dans tout ce qui suit, nous avons fait l'hypothèse qu'avec ces personnes, les rencontres sont hebdo-

---

[10] En institution, l'information est également disponible pour les deux petits-enfants et les deux grands-parents que la personne voit le plus souvent. Pour ne pas fausser la comparaison avec les personnes vivant en ménage ordinaire, nous n'avons pas tenu compte ici de ces contacts éventuels.

madaires[11]. La proportion de personnes vivant en ménage ordinaire qui rencontrent au moins un membre de leur famille une fois par semaine s'élève à 85 % et la même proportion atteint 89 % pour les rencontres mensuelles. La comparaison avec les valeurs respectives observées en institution (43 % et 57 %) montre donc un « désavantage » très sensible des personnes résidant en institution par rapport aux personnes vivant en ménage ordinaire (tableau 14).

Pour préciser quelles caractéristiques individuelles influent le plus fortement sur le nombre de rencontres mensuelles, nous avons eu recours à une régression linéaire dont les résultats font l'objet du tableau 15. L'analyse a porté sur l'ensemble des personnes ayant de la famille. La plupart des variables d'ajustement de ce modèle figuraient dans le modèle décrit précédemment (sexe, âge, état matrimonial légal, présence d'une dépendance physique et/ou psychique et origine sociale de la personne interrogée). La taille et la structure du réseau familial sont décrites par quatre variables : nombre de fils, nombre de filles, nombre de frères et sœurs, présence de petits-enfants. Nous avons par ailleurs introduit une variable comprenant trois modalités pour caractériser le mode d'hébergement de la personne interrogée (ménage ordinaire, unité de soins de longue durée des établissements hospitaliers[12] et autre type d'institutions[13]). Enfin, nous avons ajouté une variable qui précise l'identité de la personne ayant répondu au questionnaire (la personne elle-même avec ou sans aide, une tierce personne).

Une fois toutes ces variables contrôlées, la situation des personnes en institution ne se différencie pas significativement de celle des personnes en ménage ordinaire. Le désavantage des personnes en institution mis en évidence précédemment résulte donc de la structure différente de ces deux sous-populations relativement à un certain nombre de variables dont nous allons maintenant pouvoir préciser l'effet.

On a montré plus haut que la taille du réseau familial est plus réduite en institution qu'en ménage ordinaire. Or, le nombre de rencontres mensuelles apparaît très sensible au nombre d'enfants et de frères et sœurs en vie. L'effet du nombre de filles est plus marqué que l'effet du nombre de fils. La présence de petits-enfants est en outre associée à des contacts plus nombreux avec la famille. Les coefficients les plus grands en valeur absolue sont ceux relatifs à l'état matrimonial. Toutes choses égales par ailleurs, les personnes mariées rencontrent davantage leur famille à un rythme mensuel que les personnes veuves, les moins entourées étant les personnes célibataires, divorcées ou séparées. Le fait de comptabiliser le conjoint parmi les personnes avec lesquelles les rencontres sont mensuelles explique sans doute en grande partie « l'avantage » des personnes mariées. On peut penser que sans cela, la différence entre veufs et personnes mariées serait négligeable.

---

[11] On notera que 75 % des personnes interrogées qui sont dans l'un de ces deux cas de figure rencontrent au moins un autre membre de leur famille de façon hebdomadaire.
[12] Ces unités hébergent 14 % des personnes âgées de 60 ans ou plus vivant en institution.
[13] 96 % des personnes de ce groupe sont en maison de retraite.

Tableau 15. – Facteurs influençant le nombre de rencontres mensuelles avec la famille (résultats de la régression linéaire)

	Paramètre	Significativité
Sexe		
Homme	(Réf.)	
Femme	– 0,00	n.s.
Âge		
60-69 ans	(Réf.)	
70-79 ans	– 0,24	****
80-89 ans	– 0,33	****
90 ans ou plus	– 0,35	****
Mode d'hébergement		
Ménages ordinaires	(Réf.)	
USLD[1]	0,02	n.s.
Autres institutions	– 0,04	n.s.
Variables relatives à la situation familiale		
Marié	(Réf.)	
Célibataire	– 1,27	****
Veuf	– 1,01	****
Divorcé/séparé	– 1,30	****
Nombre de filles	0,20	****
Nombre de fils	0,14	****
Nombre de frères et sœurs	0,13	****
Pas de petits-enfants	(Réf.)	
A des petits-enfants	0,21	****
Situation de dépendance		
Pas de dépendance	(Réf.)	
Dépendance physique seule	– 0,14	***
Dépendance psychique seule	– 0,24	****
Dépendance physique et psychique	– 0,11	n.s.
Origine sociale[2]		
Agriculteur	(Réf.)	
Artisan, commerçant, chef d'entreprise	– 0,21	****
Profession intermédiaire	– 0,28	****
Cadre ou profession intellectuelle supérieure	– 0,29	****
Ouvrier	– 0,30	****
Employé	– 0,34	****
Pas d'activité professionnelle	0,07	n.s.
Origine inconnue	0,06	n.s.
Identité du répondant		
Ego répond seul	(Réf.)	
Ego répond avec aide	– 0,09	*
Réponse par une tierce personne	0,11	*
Constante	2,14	****

[1] Unités de soins de longue durée des établissements hospitaliers.
[2] Dernière CSP de la personne interrogée ou de son conjoint ou ancien conjoint si elle n'a jamais travaillé.
n.s. : non significatif au seuil de 5 % ; * : $p < 0,05$; ** : $p < 0,01$; ***$p < 0,001$; **** : $p < 0,0001$.
Champ : personnes âgées de 60 ans ou plus ayant de la famille.
Lecture : avoir une fille supplémentaire accroît le nombre de rencontres mensuelles avec la famille de 0,2.
Source : Insee, enquête HID 1998-1999.

On n'observe pas de différence entre hommes et femmes. L'analyse montre en revanche un effet négatif significatif de l'âge sur le nombre de rencontres mensuelles. Ce résultat traduit-il un resserrement du lien familial dans les générations les plus récentes (effet de génération) ou une altération de ce lien à mesure que l'âge s'élève (effet d'âge)? À l'appui de cette deuxième hypothèse, notons que les sexagénaires sont sans doute plus fréquemment sollicités que leurs aînés pour garder leurs petits-enfants ou pour s'occuper d'un parent plus âgé dépendant[14].

L'effet de l'existence d'une dépendance apparaît aussi assez discriminant. Les personnes dépendantes rencontrent moins leur famille à un rythme mensuel que les personnes non dépendantes. Une première hypothèse explicative est celle d'un délaissement des personnes dépendantes par leur famille. Ceci pourrait expliquer que l'effet soit plus marqué lorsque la dépendance est d'origine psychique, la famille se sentant vraisemblablement plus impuissante à apporter son aide dans ce cas, que lorsqu'elle est physique. Il se peut aussi que l'absence de contact avec la famille ait été préexistante à la dépendance. Le résultat observé témoignerait alors plutôt de l'effet négatif sur la santé physique et psychique de l'absence de rencontres avec la famille proche. Dans le même temps, il donnerait des arguments pour réfuter l'idée selon laquelle la survenue d'une dépendance chez un parent proche entraînerait une réactivation du lien familial.

L'origine sociale a également une influence très significative sur le nombre de rencontres mensuelles. La hiérarchie mise en évidence ici est très proche de celle observée lors de l'étude des facteurs influant sur la probabilité de vivre en institution (cf. tableau 12). On retrouve en particulier l'opposition entre anciens indépendants et anciens salariés, les premiers rencontrant davantage les membres de leur famille que les seconds.

Enfin, l'effet répondant que nous avons signalé précédemment est là encore significatif. Toutes choses égales par ailleurs, lorsque le questionnaire a été entièrement soumis à une tierce personne, le nombre de rencontres mensuelles est plus élevé. Cette situation, nous l'avons dit, s'est surtout présentée en institution et la tierce personne répondante était dans près de 9 cas sur 10 un membre du personnel de l'établissement. On peut penser que, souvent, cette tierce personne ne connaît l'existence d'une famille que si celle-ci se manifeste, ce qui suppose que des contacts soient maintenus.

Avec qui ces rencontres mensuelles ou hebdomadaires déclarées ont-elles lieu? Le plus souvent (plus de 3 cas sur 5), elles impliquent une femme (tableau 16). Dans les ménages ordinaires, moins de la moitié des personnes rencontrées à un rythme mensuel ou hebdomadaire sont âgées de 60 ans ou plus. Cette proportion est assez logiquement plus élevée en

---

[14] À 60-69 ans, 21 % des personnes ont encore au moins un parent en vie, contre 2 % seulement à 70 ans ou plus.

institution (3 contacts sur 5) car la population institutionnalisée est elle-même plus âgée. La très faible représentation des moins de 25 ans s'explique par la non-prise en compte des petits-enfants. Dans la majorité des cas (1 cas sur 2 en ménage ordinaire, 3 cas sur 4 en institution), les personnes rencontrées sont des enfants de l'enquêté. La moitié des personnes âgées de 60 ans ou plus ont au moins un enfant qu'elles voient de façon hebdomadaire. Cette proportion est beaucoup plus faible dans le cas des frères et sœurs mais non négligeable : 16 % des personnes âgées de 60 ans ou plus voient un frère ou une sœur au moins une fois par semaine. Enfin, l'idée selon laquelle la proximité géographique facilite les contacts est corroborée : en ménage ordinaire, 87 % des rencontres hebdomadaires déclarées (68 % en institution) ont lieu avec des personnes qui habitent la ville ou les environs de la ville où réside la personne âgée interrogée. Cette proportion n'est que de 30 % pour les rencontres mensuelles (32 % en institution).

TABLEAU 16. – CARACTÉRISTIQUES DES PERSONNES DE LA FAMILLE RENCONTRÉES À UN RYTHME HEBDOMADAIRE OU MENSUEL SELON LE MODE D'HÉBERGEMENT (RÉPARTITIONS EN %)

	Rencontres hebdomadaires*		Rencontres mensuelles	
	En ménage ordinaire	En institution	En ménage ordinaire	En institution
Homme	37	34	38	40
Femme	63	66	62	60
Moins de 25 ans	2	< 1	< 1	< 1
25-59 ans	53	39	57	41
60 ans ou plus	45	61	43	59
Enfant	50	76	49	75
Frère/sœur	14	13	46	23
Conjoint	33	10	< 1	2
Parents	3	1	5	< 1
Vit avec ou à proximité du répondant	60	8	–	–
Vit dans la même ville ou ses environs	27	60	30	32
Vit dans la même région	13	30	50	54
Vit plus loin	< 1	2	20	14

* Y compris avec les personnes qui cohabitent ou vivent à proximité de la personne interrogée.
Source : Insee, enquête HID 1998-1999.

III. Les personnes âgées vivant en institution : un groupe homogène ?

Les résultats que nous avons présentés jusqu'ici pourraient laisser penser que les personnes vivant en institution forment une population assez homogène, constituée en grande majorité de femmes âgées, dépendantes et isolées. En fait, à peine plus d'une personne sur dix résidant en institution pour personnes âgées correspond à ce profil. Lorsque l'on combine les multiples informations disponibles sur les personnes en institution, quelles autres sous-populations peut-on faire émerger ? Peut-on leur associer un motif particulier d'entrée en institution ?

Pour répondre à ces questions, nous avons eu recours à une analyse des correspondances multiples (ACM) suivie d'une classification hiérarchique. Les variables actives de cette analyse, qui a porté exclusivement sur les personnes résidant en institution pour personnes âgées[15], sont les suivantes : âge au moment de l'enquête, sexe, situation de couple, taille du réseau familial (4 classes : pas de famille, 1 à 3 personnes, 4 à 6 personnes, 7 personnes ou plus), dépendance, origine sociale, ancienneté de l'entrée en institution, fréquence des contacts avec la famille. Le questionnaire administré en institution comprenait une question sur la fréquence à laquelle les personnes échangent des nouvelles par courrier ou par téléphone avec un membre de leur famille. En considérant que toute personne qui voit au moins une fois par mois son parent en institution ou qui le voit plusieurs fois par an avec au moins un échange de nouvelles par mois avait un « contact actif » avec ce parent, nous avons pu distinguer, parmi les personnes n'ayant pas de contact mensuel, celles qui ont au moins un contact actif de celles qui n'en ont pas. Il nous semble qu'il s'agit là d'une fréquence minimale de relations entre la personne en institution et son entourage permettant de considérer qu'elle n'est pas isolée.

Enfin, deux variables descriptives des conditions de l'entrée en institution ont été prises en compte dans l'analyse en tant que variables illustratives : l'âge au moment de l'entrée en institution et le motif de cette entrée. Une personne sur quatre résidant en institution pour personnes âgées n'y est pas entrée pour raison de santé mais le motif de son arrivée n'est malheureusement pas connu. Ces personnes sont de fait beaucoup moins souvent dépendantes que celles entrées en institution pour raison de santé (59 % contre 83 %). La comparaison montre qu'elles souffrent d'un léger désavantage en termes de taille du réseau familial (4,4 personnes en moyenne contre 4,8 personnes) et qu'elles ont significativement moins de visiteurs hebdomadaires (0,5 en moyenne contre 0,6). L'origine sociale n'apparaît pas discriminante.

Les dix premières coordonnées issues de l'analyse des correspondances multiples ont été utilisées pour classer les individus en groupes

---

[15] Soit 82 % des personnes de 60 ans ou plus résidant en institution médico-sociale.

aussi homogènes que possible. La plus détaillée des trois meilleures partitions obtenues par classification hiérarchique distingue sept classes qui représentent chacune entre 11 % et 18 % de l'ensemble de la population vivant en institution pour personnes âgées (tableau 17). Dans les quatre premières classes, l'entrée en institution est plus fréquemment attribuée à un problème de santé qu'en moyenne dans l'ensemble de la population en institution pour personnes âgées. C'est en particulier le cas dans la classe 3 où 86 % des personnes (74 % dans l'ensemble de la population étudiée) sont entrées en institution pour raison de santé. Les femmes (82 % vs 74 %) et les octogénaires (68 % vs 45 %) sont surreprésentés dans cette classe. Il en va de même des personnes sévèrement dépendantes : 48 % des personnes de la classe 3 (vs 17 % de l'ensemble de la population étudiée) cumulent confinement au lit ou au fauteuil et dépendance psychique et 2 % seulement d'entre elles ne souffrent d'aucune dépendance (vs 22 %). La taille du réseau familial des personnes de cette classe (en moyenne 2,8 personnes) est par ailleurs très réduite. On peut faire l'hypothèse que c'est la conjugaison d'un réseau familial insuffisant et d'une situation de dépendance sévère, entraînant un besoin d'aide important, qui est à l'origine de l'entrée en institution d'une grande partie des personnes de ce groupe.

Les classes 1, 2 et 4, dans lesquelles la proportion de personnes entrées en institution pour raison de santé est sensiblement supérieure à la moyenne (de 79 % pour la classe 1 à 75 % pour la classe 4) se caractérisent en revanche par un réseau familial de taille comparable à ce qu'il est en ménage ordinaire. La proportion de personnes ayant au moins un contact hebdomadaire y est par ailleurs élevée (97 % dans la classe 1, 55 % dans les classes 2 et 4, contre 40 % dans l'ensemble de la population étudiée). On a donc ici affaire à des personnes bien entourées. Ces trois classes, qui représentent près de la moitié de la population vivant en institution, présentent par ailleurs un certain nombre de spécificités.

La classe 1 est essentiellement caractérisée par la plus forte proportion de personnes ayant au moins un contact hebdomadaire. Toutefois, un tiers seulement des personnes dans ce cas appartiennent à cette classe. Les hommes (38 % contre 26 % en moyenne) ainsi que les personnes en couple (35 % vs 6 %) sont surreprésentés dans ce groupe. La classe 2 est en revanche plus féminine que l'ensemble de la population étudiée (87 % de femmes dans la classe). Elle regroupe essentiellement des personnes seules (99 % de la classe), âgées de 80 à 89 ans (86 % vs 45 % dans l'ensemble de la population étudiée). Par ailleurs, ce groupe se distingue par une proportion élevée de personnes souffrant de difficultés pour sortir, faire leur toilette ou s'habiller (72 % vs 52 %). Les ouvriers sont très significativement surreprésentés dans cette classe (53 % vs 30 %). Enfin, la classe 4 est composée à 99 % de personnes seules âgées de 90 ans ou plus. Ces personnes sont entrées tard en institution (en moyenne à 88,7 ans vs 80,6 ans). Les femmes sont sensiblement surreprésentées dans cette classe

TABLEAU 17. – PRINCIPALES CARACTÉRISTIQUES DES CLASSES OBTENUES PAR CLASSIFICATION HIÉRARCHIQUE EFFECTUÉE SUR LA POPULATION VIVANT EN INSTITUTION POUR PERSONNES ÂGÉES

	Classe 1 14,5 %	Classe 2 15,0 %	Classe 3 13,5 %	Classe 4 17,5 %	Classe 5 10,5 %	Classe 6 14,9 %	Classe 7 14,2 %	Ensemble 100,0 %
Âge moyen	82 ans	84 ans	84 ans	93 ans	81 ans	86 ans	73 ans	84 ans
Proportion de femmes	62 %	87 %	82 %	90 %	75 %	82 %	38 %	74 %
Proportion de personnes seules[1]	65 %	99 %	96 %	99 %	100 %	100 %	98 %	94 %
Proportion de personnes dépendantes[2]	75 %	84 %	98 %	94 %	38 %	81 %	61 %	78 %
Taille moyenne de la famille (personnes)	8,2	9,0	2,8	6,0	4,0	0,2	2,2	4,7
Proportion rencontrant un membre de leur famille au moins une fois par semaine	97 %	55 %	32 %	55 %	24 %	0 %	11 %	40 %
Proportion sans contact familial actif	5 %	13 %	33 %	25 %	22 %	100 %	80 %	40 %
Proportion entrée pour raison de santé	79 %	77 %	86 %	75 %	57 %	70 %	71 %	74 %
Âge moyen à l'entrée	81 ans	80 ans	81 ans	89 ans	78 ans	82 ans	66 ans	81 ans

[1] Personnes sans conjoint vivant, sans descendance, sans fratrie ni ascendance.
[2] Dépendance physique et/ou psychique.
Source : Insee, enquête HID 1998-1999.

(90 % vs 74 %) de même que les personnes dépendantes (94 % vs 78 %). Avec en moyenne 6 membres, ces personnes ont une famille plus étendue que l'ensemble des personnes résidant en institution pour personnes âgées et sensiblement identique à celle des 90 ans ou plus vivant en ménage ordinaire (6,6 personnes). Les artisans et commerçants (17 % vs 10 %) ainsi que les agriculteurs (17 % vs 11 %) sont surreprésentés dans cette classe.

Dans les trois classes suivantes, les facteurs socio-économiques ont sans doute joué un rôle important dans l'entrée en institution. Le réseau familial y apparaît réduit et la proportion de personnes entrées en institution pour raison de santé est inférieure à 75 %. La valeur la plus faible est atteinte dans la classe 5 où 57 % seulement des personnes sont entrées en institution à cause d'un problème de santé. C'est aussi dans cette classe que la proportion de personnes dépendantes est la plus faible (38 % vs 78 % en moyenne). L'âge moyen des personnes de cette classe est significativement plus faible que la moyenne (81 ans vs 84 ans). Il s'agit exclusivement de personnes seules dont la famille est peu nombreuse (en moyenne 4 personnes). Toutefois, 78 % d'entre elles (vs 60 %) ont au moins un contact actif. Les professions intermédiaires (28 % vs 9 %) et les employés (33 % vs 18 %) sont significativement surreprésentés dans cette classe.

Les classes 6 et 7 sont caractérisées par la faiblesse de la taille de la famille (respectivement 0,2 et 2,2 personnes), très inférieure à ce qu'elle est en ménage, et par une proportion élevée de personnes sans contact actif. La classe 6 regroupe la plus grande partie des personnes sans famille (90 % de la classe vs 16 % de la population étudiée). Toutes les personnes de cette classe sont sans contact actif. Les femmes (82 % vs 74 %), de même que les employés (31 % vs 18 %) et les professions intermédiaires (13 % vs 9 %), y sont sensiblement surreprésentés. La classe 7 est la plus jeune des classes (en moyenne 73 ans vs 84 ans). Dans 80 % des cas (vs 36 %), l'entrée en institution a eu lieu avant 70 ans. Il s'agit d'un groupe majoritairement masculin (38 % seulement de femmes). Les personnes non dépendantes (39 % vs 22 %) et les ouvriers (57 % vs 30 %) y sont surreprésentés.

Conclusion

Au terme de cette étude, il est possible d'affirmer que l'environnement familial joue un rôle de tout premier ordre dans le maintien à domicile des personnes âgées de 60 ans ou plus. La présence d'un conjoint et d'enfants exerce un effet « protecteur » particulièrement marqué. Conséquence de ce risque différentiel d'entrer en institution, les personnes vivant en institution ont, à âge égal, un réseau familial proche près de deux fois plus petit que celui des personnes vivant en ménage ordinaire.

Ce « désavantage » des personnes résidant en institution est l'une des causes de la fréquence plus élevée de leur isolement relationnel mais d'autres facteurs interviennent également. En particulier, l'âge et l'existence d'une dépendance qui, on le sait, est le lot de la grande majorité des personnes en institution, sont associés à une moindre intensité des relations avec la famille proche.

Au total, plus de deux personnes sur cinq résidant en institution, contre une sur dix en ménage ordinaire, n'ont pas de famille proche ou pas de contact mensuel avec celle-ci. Mais près de la moitié de la population vivant en institution présente des caractéristiques, en termes d'entourage familial, très proches de celles observées pour les ménages ordinaires. La population en institution ne saurait être considérée comme un ensemble homogène et il ne fait aucun doute qu'à la diversité des situations correspond une assez grande variété des motifs d'entrée en institution.

ANNEXE
Effectifs enquêtés selon l'âge et le sexe

	Hommes	Femmes	Ensemble
60-64 ans	794	768	1 562
65-69 ans	860	975	1 835
70-74 ans	1 242	1 609	2 851
75-79 ans	1 126	1 768	2 894
80-84 ans	576	1 380	1 956
85-89 ans	648	2 061	2 709
90-94 ans	281	1 294	1 575
95 ans ou plus	66	4 56	522
Ensemble	5 593	10 311	15 904

Champ : personnes vivant en ménage ordinaire et en institution.
Source : Insee, enquête HID 1998-1999.

RÉFÉRENCES

CAMBOIS Emmanuelle, 1999, *Calcul d'espérances de vie sans incapacité selon le statut social dans la population masculine française, 1980-1991 : un indicateur de l'évolution des inégalités sociales de santé*, thèse de l'Institut d'études politiques, 320 p.

COLIN Christel, 1996, « Pour vivre mieux, vivons mariés », *Regards sur l'Île-de-France*, n° 32, p. 12-13.

COURSON Jean-Pierre, MADINIER Chantal, 2000, « Recensement de la population 1999 - La France continue de vieillir », *Insee première*, n° 746.

DÉSESQUELLES Aline, 1999, *La dépendance des personnes âgées - Synthèses et perspectives*, rapport du groupe de travail présidé par J.-P. Delalande et M.-T. Join-Lambert pour le Haut Conseil de la population et de la famille, 96 p.

DESPLANQUES Guy, 1993, « L'inégalité sociale devant la mort », *La société française - Données sociales*, Insee, p. 251-258.

DUTHEIL Nathalie, 2001, « Les aides et les aidants des personnes âgées », *Études et résultats*, n° 142, Dress, 10 p.

MESRINE Annie, 1999, « Les différences de mortalité par milieu social restent fortes », *La société française - Données sociales*, Insee, p. 228-229.

METZGER M.-H., BABERGER-GATEAU P., DARTIGUES J.-F., LETENNEUR L., COMMENGES D., 1997, « Facteurs prédictifs d'entrée en institution dans le cadre du plan gérontologique du département de Gironde », *Revue d'épidémiologie et de santé publique*, n° 45, p. 203-213.

MORMICHE Pierre, 1998, « L'enquête HID de l'Insee - Objectifs et schéma organisationnel », *Courrier des statistiques*, n° 87-88, p. 7-18.

RENAUT Sylvie, ROZENKIER Alain, 1995, « Les familles à l'épreuve de la dépendance », in C. Attias-Donfut (dir.), *Les solidarités entre générations - Vieillesse, Familles, État*, Paris, Nathan, p. 181-208.

ROBINE Jean-Marie, MORMICHE Pierre, CAMBOIS Emmanuelle, 1994, « L'évolution de l'espérance de vie sans incapacité à 65 ans », *Gérontologie et Société*, n° 71, p. 66-84.

SIMON M.-O., FRONTEAU A., 1999, « Les conditions du maintien à domicile des personnes âgées dépendantes », *Retraite et Société*, n° 25, p. 27-35.

VALLIN Jacques, NIZARD Alfred, 1977, « La mortalité par état matrimonial – Mariage sélection ou mariage protection », *Population*, 32(1), p. 95-121.

DÉSESQUELLES Aline, BROUARD Nicolas.– **Le réseau familial des personnes âgées de 60 ans ou plus vivant à domicile ou en institution**

L'Insee a réalisé en 1998 et 1999 l'enquête Handicaps-Incapacités-Dépendance (dite enquête HID) auprès de 15 000 personnes résidant en institution médico-sociale et 17 000 personnes vivant en ménage ordinaire. Le questionnaire de cette enquête explore les incapacités d'origine physique ou psychique dont souffrent les personnes interrogées, mais il aborde également de nombreuses facettes de leurs conditions de vie, et notamment leur environnement familial.

Les résultats présentés dans cet article s'appuient sur ces données, en se limitant aux personnes âgées de 60 ans ou plus. On montre que l'entourage familial des personnes âgées résidant en institution est plus réduit que celui des personnes vivant en ménage ordinaire. Ce « désavantage » des personnes hébergées en institution est l'une des causes de la fréquence plus élevée de l'isolement relationnel observé en institution mais d'autres facteurs interviennent également. En particulier, l'âge et l'existence d'une dépendance qui, on le sait, est le lot de la grande majorité des personnes en institution, sont associés à une moindre intensité des relations avec la famille proche.

DÉSESQUELLES Aline, BROUARD Nicolas.– **The Family Networks of People aged 60 and over Living at Home or in an Institution**

In 1998 and 1999, the French National Institute of Statistics (INSEE) carried out the Disability, Functional Limitations, Dependency survey (*Handicaps-Incapacités-Dépendance*, known as the HID survey) on 15,000 people living in medical and social institutions and 17,000 people living in private households. The questionnaire for this survey explores the functional limitations of physical and mental origin suffered by the respondents, but it also deals with numerous other facets of their living conditions, notably their family environments.

The results presented in this article are based on these data, and are limited to people aged 60 and over. We show that the family circles of elderly people living in institutions are more limited than those of people living in private households. This "disadvantage" of people living in institutions is one cause of the higher frequency of relational isolation observed in institutions, but other factors also intervene. In particular, age and the existence of a dependency, which is known to be the case for a large majority of people in institutions, are associated with a lower intensity of relations with close family.

DÉSESQUELLES Aline, BROUARD Nicolas.– **El círculo familiar de las personas de 60 años y más que viven en domicilio privado o institución**

Entre 1998 y 1999 el INSEE llevó a cabo la encuesta Minusvalías – Discapacidades – Dependencia (conocida como HID) entre 15000 personas residentes en instituciones médicosociales y 17000 personas en un hogar. El cuestionario de esta encuesta investiga tanto las discapacidades de origen físico o psíquico de las personas interrogadas como numerosos aspectos de sus condiciones de vida, y en particular de su entorno familiar.

Los resultados que se presentan en este artículo se basan en estos datos y se limitan a las personas de 60 años y más. El artículo muestra que el entorno familiar de las personas de edad que residen en una institución es más reducido que el de las personas en un hogar. Tal "desventaja" del primer grupo es una de las causas del mayor aislamiento relacional observado en estas instituciones, pero existen otros factores explicativos. Concretamente, la edad y la existencia de una dependencia que, como se sabe, caracteriza a la mayoría de personas institucionalizadas, están asociadas con una menor intensidad de las relaciones con la familia más próxima.

Aline DÉSESQUELLES, Institut national d'études démographiques, 133 bd Davout, 75980 Paris Cedex 20, tél : 33 0(1) 56 06 22 76, fax : 33 0(1) 56 06 21 99, courriel : alined@ined.fr

L'évolution de la mortalité infantile à la Réunion depuis cinquante ans

Magali BARBIERI* et Christine CATTEAU**

> *Exceptionnellement élevée dans les années 1950, la mortalité infantile réunionnaise atteint maintenant, avec six décès d'enfants de moins d'un an pour mille naissances en 1999, un niveau inférieur à celui des autres départements français d'outre-mer ou à celui de sa voisine, l'île Maurice. En s'appuyant sur diverses sources statistiques et d'enquête,* Magali BARBIERI *et* Christine CATTEAU *mettent en évidence les traits marquants de cette évolution spectaculaire et relèvent les problèmes qui demeurent. En effet, si la mortalité après les premières semaines de vie est désormais comparable à celle observée en France métropolitaine, elle reste plus élevée au moment de la naissance et dans les jours suivants. L'analyse que font les auteurs des conditions sanitaires et sociales que connaissent les mères apporte des éléments fort utiles pour une politique visant à poursuivre les progrès contre la mortalité des nouveau-nés.*

Les tendances de la mortalité infantile à la Réunion s'inscrivent dans le cadre de l'évolution de la mortalité générale. En 1950, l'espérance de vie à la naissance n'y dépassait pas 50 ans pour les hommes et 53 ans pour les femmes, soit un écart de quinze ans avec la métropole. Bien que la mortalité ait diminué rapidement dans cette dernière au cours de la seconde moitié du XXe siècle, la baisse a été plus rapide à la Réunion et l'écart entre les deux territoires s'est progressivement réduit pour n'atteindre plus que trois ans en 1990. L'évolution de la mortalité infantile a été encore plus spectaculaire. Alors que le taux de mortalité infantile s'établissait au-dessus de 165 pour mille naissances il y a cinquante ans, il n'atteignait déjà plus que 50 ‰ au milieu des années 1970 et il est aujourd'hui inférieur à 10 ‰. Les progrès accomplis à la Réunion dans la lutte pour la survie des enfants ont été réalisés en trois fois moins de temps qu'il n'en a fallu à la métropole. Plusieurs sources d'information statistique permettent de suivre cette évolution dans le détail. Après avoir

---

* Institut national d'études démographiques, Paris.
** Direction régionale des affaires sanitaires et sociales, la Réunion.

brièvement décrit ces sources, cet article analyse les niveaux et les tendances de la mortalité infantile et de ses composantes et s'interroge sur les déterminants d'une évolution aussi rapide à la lumière des données disponibles.

I. Les sources de données

Nous connaissons précisément l'évolution de la mortalité infantile et de ses composantes au cours des cinq dernières décennies à la Réunion grâce aux statistiques de l'état civil. L'enregistrement des naissances, décès et mariages y suit les mêmes règles qu'en métropole depuis 1951 et pose les mêmes problèmes de définition (Barbieri, 1998). Dès le début, la qualité des données est apparue très bonne (Festy, 1983). Les informations disponibles sur les bulletins de naissance et de décès sont cependant limitées et il faut se tourner vers d'autres sources pour comprendre dans quelles circonstances s'est réalisée la baisse de la mortalité infantile et les caractéristiques actuelles de celle-ci. Les certificats du 8e jour et les enquêtes nationales périnatales figurent au premier rang de ces autres sources.

Depuis une loi de 1970[1], certains examens médicaux préventifs ont été rendus obligatoires. C'est le cas de l'examen dit du 8e jour, qui donne lieu à l'établissement d'un certificat de santé envoyé par le médecin traitant au service départemental de la Protection maternelle et infantile (PMI)[2]. Ces obligations concernent tant la France métropolitaine que les départements d'outre-mer. À la Réunion, ces certificats ont été informatisés à partir de 1991. Le taux de couverture est proche de 95 % depuis cette date, soit un niveau supérieur à celui enregistré en métropole. Comme c'est le cas pour l'état civil, les certificats du 8e jour concernent l'ensemble des naissances ayant eu lieu sur le territoire de la Réunion et ils font l'objet d'un enregistrement continu. Le certificat comporte des informations relatives aux conditions d'accouchement ainsi qu'à l'état de santé des enfants au moment de la naissance et pendant les sept premiers jours de vie (Rochat et Brodel, 1999 ; PMI, 2000).

L'enquête nationale périnatale couvre l'ensemble des départements français, dont la Réunion où elle a été mise en œuvre pour la première fois en 1995 et répétée en 1998. Cette enquête nationale est le produit d'une collaboration entre l'Institut national de la santé et de la recherche médicale (Inserm), la Direction générale de la santé (DGS) et la Direction de la recherche, des études, de l'évaluation et des statistiques (DREES) du ministère de l'Emploi et de la Solidarité, ainsi que les services départementaux de Protection maternelle et infantile (PMI). Son objectif

---
[1] Loi n° 70-633 du 15 juillet 1970.
[2] Article L.149 du Code de santé publique.

essentiel est de recueillir des informations sur l'état de santé des mères et des enfants, sur les pratiques médicales pendant la grossesse et l'accouchement, et sur les facteurs de risque périnatal. Elle a été conçue pour compléter les renseignements obtenus à partir des certificats du 8e jour : étant établis en continu pour l'ensemble des naissances, ceux-ci sont forcément plus succincts. L'enquête périnatale de 1995 portait sur un échantillon représentatif de 1 131 enfants nés à la Réunion pendant le mois de décembre. Celle de 1998 portait sur un échantillon plus réduit, de 480 enfants nés pendant une période de deux semaines. Les échantillons des enquêtes périnatales sont représentatifs de l'ensemble des enfants nés vivants ou mort-nés dans les maternités publiques ou privées, ainsi que de ceux nés en dehors de ces services mais qui y ont été transférés après la naissance (Inserm *et al.* ; DRASS, 1999).

Pour cette étude, nous avons donc recouru à deux sources de données exhaustives qui permettent d'analyser en détail les niveaux et tendances de la mortalité infantile à la Réunion et de ses composantes, à savoir l'état civil et les certificats du 8e jour, et à une source fournissant des informations ponctuelles à partir d'échantillons représentatifs de l'ensemble de la population concernée mettant en lumière les facteurs susceptibles d'influencer l'évolution de cette mortalité, à savoir l'enquête nationale périnatale de 1995 et celle de 1998[3]. Pour toutes ces sources, nous avons utilisé les rapports publiés ou internes qui nous ont été transmis par les organismes concernés sans mener de nouvelles analyses sur les données individuelles, auxquelles nous n'avons pu accéder. Enfin, nous avons également intégré les résultats des quelques travaux publiés sur les questions de santé et de mortalité à la Réunion.

II. Les indicateurs de la mortalité

La mortalité infantile est la mortalité survenue avant l'âge d'un an. L'indicateur utilisé pour la mesurer est le rapport du nombre de décès d'enfants de moins d'un an au cours d'une année au nombre de naissances vivantes enregistrées au cours de la même année. Les démographes distinguent plusieurs composantes de la mortalité infantile, en fonction du dé-

---

[3] Nous avions initialement envisagé de prendre en compte les résultats de l'enquête Famille 1997. De nature rétrospective, cette enquête est associée depuis 1951 au recensement en France métropolitaine. Elle a été mise en œuvre à la Réunion pour la première fois en 1997, avec des modalités différentes (notamment en ce qui concerne le contenu du questionnaire et le découplage avec l'opération de recensement). Les informations recueillies portent en particulier sur l'histoire génésique des femmes interrogées, la survie de leurs enfants et de nombreuses caractéristiques socio-économiques. L'utilisation de cette enquête s'est malheureusement révélée décevante du fait d'une qualité trop faible des données relatives à la mortalité des enfants. Une comparaison avec l'état civil montre en effet que la sous-estimation du taux de mortalité infantile atteint 50 % à 70 % sur la période la plus récente (Barbieri et Catteau, 2001). Cela empêche toute utilisation de l'enquête pour analyser les tendances et les déterminants de la mortalité infantile à la Réunion et nous avons choisi de ne pas en présenter les résultats ici.

coupage suivant de la première année de vie (figure 1) : les 28 premiers jours représentent la période néonatale et se décomposent eux-mêmes en une première période de 6 jours, la période néonatale précoce, et une deuxième, du 7e au 28e jour, la période néonatale tardive. Le reste de la première année (du 28e jour au premier anniversaire) correspond à la période post-néonatale. Pour chacune de ces périodes sont calculés des taux rapportant, comme pour le taux de mortalité infantile, le nombre de décès survenus à l'âge considéré (0-6 jours, 7-27 jours ou 28-365 jours) au cours d'une année au nombre de naissances vivantes enregistrées au cours de la même année. Ces indicateurs sont calculés de telle manière que la somme des taux de mortalité néonatale précoce et néonatale tardive soit directement égale au taux de mortalité néonatale, et que la somme des taux de mortalité néonatale et de mortalité post-néonatale soit égale au taux de mortalité infantile. Tous ces taux sont exprimés pour 1 000 naissances vivantes.

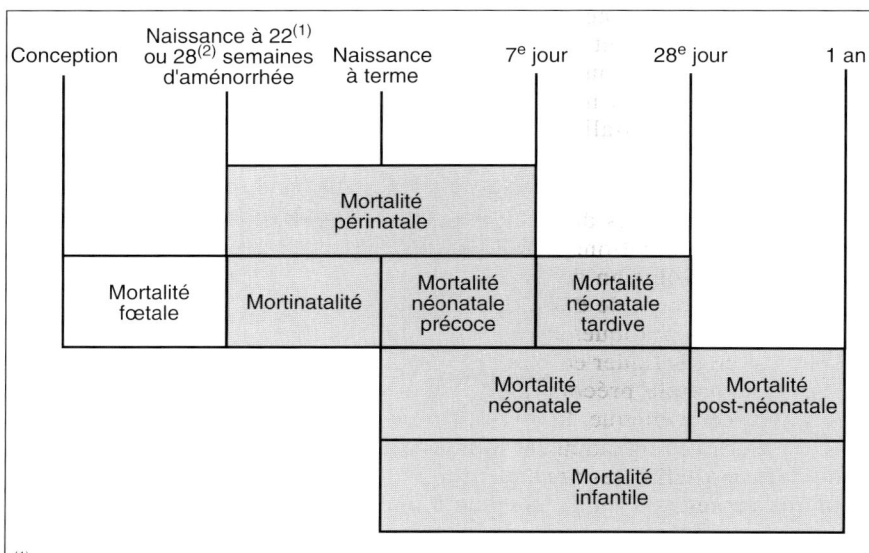

Figure 1.– Les indicateurs de la mortalité avant un an

Sont exclus de ces calculs les décès d'enfants mort-nés. La définition de la mortinatalité est complexe et elle a subi un changement important en France en 1993 (Blondel, 2000). Avant cette date, il existait une confusion entre les mort-nés au sens de l'Organisation mondiale de la santé (OMS), c'est-à-dire ceux n'ayant manifesté aucun signe de vie au moment de l'accouchement, et les « faux » mort-nés, décédés immédiatement après la naissance mais ayant respiré. Depuis mars 1993, par souci d'harmonisation avec les pratiques statistiques internationales, l'enregistrement à l'état civil des enfants nés vivants et des mort-nés se fait en fonction des signes de vie manifestés à la naissance. Ne sont considérés comme mort-nés que les enfants décédés sans avoir montré de signe de vie, tandis que ceux qui ont respiré sont désormais inclus dans la mortalité néonatale précoce. Les prématurés (moins de 28 semaines de gestation) décédés subissent un traitement différent. Ceux pour lesquels la durée de gestation était inférieure à 22 semaines d'aménorrhée (ou dont le poids à la naissance était inférieur à 500 grammes) sont comptés parmi les fausses-couches (mortalité fœtale). Pour les autres, l'enregistrement dépend des signes de vie montrés à la naissance : ceux qui n'ont pas respiré sont comptés parmi les mort-nés tandis que les enfants considérés comme viables par le médecin sont inclus dans les naissances vivantes et comptés dans la mortalité néonatale précoce.

Les enfants mort-nés font l'objet d'un bulletin d'état civil spécifique. Ces bulletins permettent de calculer un taux de mortinatalité qui rapporte le nombre de mort-nés au cours d'une année au nombre total de naissances (naissances vivantes et mort-nés) de la même année. La mortinatalité est regroupée avec la mortalité néonatale précoce pour former la mortalité périnatale dont le taux se calcule également pour 1 000 naissances totales (figure 1).

Les changements de définition sont importants car ils rendent les comparaisons internationales difficiles et induisent des fluctuations artificielles dans l'évolution de la mortalité infantile et de ses composantes. Ainsi, le changement de définition des mort-nés adopté en 1993 comme la modification des pratiques médicales et de déclaration qui l'ont accompagné pourraient expliquer en partie les variations de la mortinatalité et de la mortalité néonatale précoce au cours des années 1990 (Blondel, 2000). Toutefois, à cette époque, le niveau atteint était déjà très faible, si bien que ces problèmes ne remettent pas en cause l'évolution considérable et bien réelle de la mortalité des nouveau-nés à la Réunion au cours des cinquante dernières années.

III. L'évolution depuis cinquante ans

Comme le montrent le tableau 1 et la figure 2, l'évolution de la mortalité infantile depuis cinquante ans a connu deux phases. Dans un premier temps, la mortalité post-néonatale s'est véritablement effondrée, passant de plus de 100 ‰ au début des années 1950 à moins de 40 ‰ à la fin des années 1960, alors que la mortalité néonatale baissait relativement peu. Dans un deuxième temps, et avec un décalage d'une vingtaine d'années

TABLEAU 1. – ÉVOLUTION DE LA MORTALITÉ INFANTILE ET DE SES COMPOSANTES
ET NOMBRE DE NAISSANCES DE 1951 À 1999 À LA RÉUNION

Année	Taux pour 1 000 naissances totales (nés vivants et mort-nés)	Taux pour 1 000 naissances vivantes					Nombre de naissances vivantes*	Nombre total de naissances
	Morti-natalité*	Mortalité périnatale* (mort-nés et 0-6 j.)	Mortalité néonatale précoce (0-6 j.)	Mortalité néonatale (0-27 j.)	Mortalité post-néonatale (28-365 j.)	Mortalité infantile (0-365 j.)		
1951	56,5	86,2	31,5	45,2	119,2	164,4	11 808	12 515
1952	47,1	77,0	31,4	44,2	113,7	157,9	13 393	14 055
1953	46,9	71,5	25,8	38,0	78,6	116,5	13 711	14 386
1954	43,5	66,6	24,2	35,4	73,8	109,2	13 713	14 336
1955	46,1	71,8	26,9	38,0	79,7	117,7	14 195	14 881
1956	44,7	66,5	22,8	33,8	61,6	95,4	14 230	14 895
1957	47,5	70,3	23,9	35,8	69,7	107,6	14 597	15 325
1958	50,2	73,4	24,4	34,7	89,9	124,5	14 390	15 151
1959	44,2	65,9	22,7	31,6	82,4	114,0	14 487	15 157
1960	49,4	70,8	22,5	31,3	59,4	90,7	14 977	15 756
1961	43,6	65,3	22,7	29,8	65,1	94,9	15 314	16 012
1962	48,3	73,8	26,8	36,0	57,5	93,6	16 098	16 915
1963	47,3	68,9	22,7	30,8	45,5	76,3	16 589	17 413
1964	40,6	60,7	21,0	30,5	52,2	82,6	16 795	17 505
1965	41,0	61,5	21,4	31,5	50,3	81,9	16 989	17 715
1966	46,4	68,9	23,7	35,0	51,8	86,9	16 807	17 624
1967	44,4	66,2	22,8	34,6	33,2	67,8	16 145	16 895
1968	41,5	64,8	24,3	33,3	36,5	69,8	15 956	16 647
1969	42,1	62,5	21,3	30,9	37,4	68,3	15 242	15 912
1970	39,2	60,0	21,7	28,7	26,3	55,0	13 507	14 058
1971	39,0	58,7	20,4	27,7	19,5	47,2	14 481	15 069
1972	34,4	52,3	18,6	25,1	19,9	45,0	13 800	14 291
1973	38,6	55,3	17,4	23,4	15,8	39,2	13 331	13 866
1974	36,7	49,8	13,7	20,0	10,7	30,7	13 451	13 963

environ, la mortalité néonatale a également commencé à se réduire, passant de 30 ‰ à 40 ‰ au cours des années 1950 et 1960 à 4 ‰ à 6 ‰ à la fin des années 1990, tandis que la baisse de la mortalité post-néonatale se poursuivait, son taux atteignant moins de 2 ‰ aujourd'hui. Le résultat est que la part de la mortalité néonatale dans la mortalité infantile s'est progressivement accrue, passant d'environ 25 % il y a cinquante ans à 80 % à la fin du XXe siècle.

Les deux composantes de la mortalité néonatale ont évolué en parallèle, la mortalité des six premiers jours se situant toujours à un niveau deux à trois fois supérieur à celui de la mortalité néonatale tardive. Quant à la mortinatalité, sa baisse a suivi celle de la mortalité néonatale précoce. D'abord très lente (avec un taux atteignant encore 40 ‰ à 45 ‰ à la fin des années 1960), elle s'est accélérée au cours des années 1970 si bien que le niveau de la mortinatalité s'est trouvé réduit de moitié en dix ans, n'at-

TABLEAU 1 (SUITE). – ÉVOLUTION DE LA MORTALITÉ INFANTILE ET DE SES COMPOSANTES ET NOMBRE DE NAISSANCES DE 1951 À 1999 À LA RÉUNION

Année	Taux pour 1 000 naissances totales (nés vivants et mort-nés)		Taux pour 1 000 naissances vivantes				Nombre de naissances vivantes*	Nombre total de naissances
	Morti-natalité*	Mortalité périnatale* (mort-nés et 0-6 j.)	Mortalité néonatale précoce (0-6 j.)	Mortalité néonatale (0-27 j.)	Mortalité post-néonatale (28-365 j.)	Mortalité infantile (0-365 j.)		
1975	35,4	46,2	11,3	16,1	9,6	25,7	13 331	13 820
1976	31,3	43,1	12,1	16,3	9,6	26,0	12 865	13 281
1977	26,3	35,0	8,9	12,4	10,2	22,6	12 544	12 883
1978	25,7	33,7	8,3	11,6	8,1	19,7	11 964	12 279
1979	23,2	32,1	9,2	12,2	4,9	17,0	12 432	12 727
1980	21,7	29,5	8,0	9,9	5,6	15,6	12 286	12 558
1981	19,4	24,7	5,5	7,9	4,9	12,8	11 809	12 042
1982	18,8	24,5	5,9	8,1	4,9	13,1	11 940	12 169
1983	17,3	23,6	6,4	8,9	3,7	12,6	12 473	12 693
1984	15,3	20,4	5,2	6,9	4,6	11,5	13 095	13 298
1985	11,9	16,2	4,3	6,4	4,0	10,4	13 134	13 292
1986	14,4	18,7	4,4	5,6	4,9	10,5	12 775	12 962
1987	13,4	17,5	4,1	4,9	4,9	9,8	12 560	12 731
1988	12,1	14,5	2,4	3,6	2,9	6,5	13 534	13 700
1989	11,3	14,2	2,9	4,5	3,8	8,4	13 865	14 024
1990	10,5	13,3	2,8	4,1	2,7	6,8	13 878	14 025
1991	10,3	13,5	3,2	4,3	2,9	7,2	14 097	14 244
1992	9,6	12,1	2,6	3,9	2,5	6,4	14 212	14 349
1993	9,9	12,9	3,0	4,2	2,7	6,9	13 483	13 618
1994	7,3	12,0	4,8	6,0	2,1	8,1	13 289	13 386
1995	7,2	10,7	3,4	4,4	2,6	7,0	13 054	13 149
1996	10,1	13,0	3,0	4,0	2,4	6,4	13 114	13 248
1997	7,6	10,8	3,3	4,1	2,3	6,5	13 746	13 851
1998	7,3	12,3	5,0	6,5	1,7	8,2	13 538	13 637
1999	7,1	10,2	3,1	4,8	1,1	6,0	14 112	14 213

* Corrigé des faux mort-nés pour la période antérieure à 1993.
Source : Insee, état civil.

teignant plus que 20 ‰ environ vers 1980, puis 10 ‰ en 1990 et 7 ‰ en 1999. Notons que les fluctuations importantes observées dans l'évolution des taux au cours des années 1990 peuvent s'expliquer par les fortes variations aléatoires dues au très petit nombre de décès sur lesquels portent les calculs, soit à peine 90 décès infantiles par an.

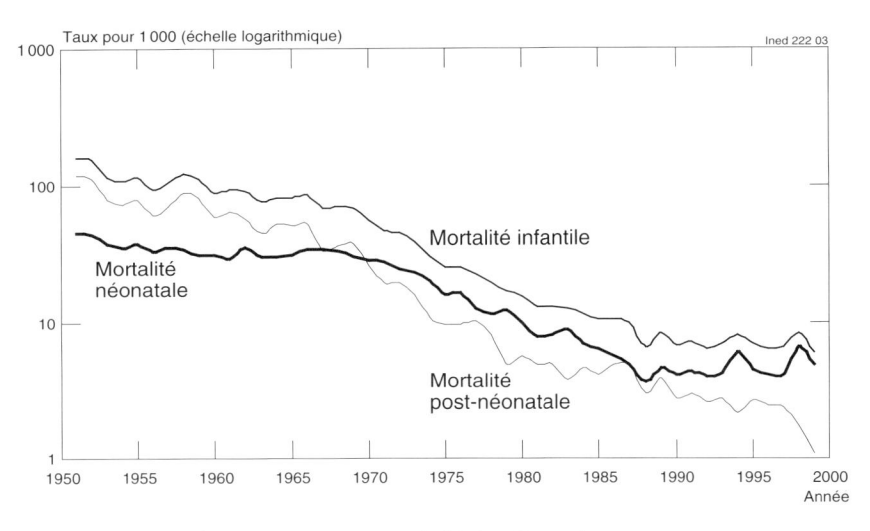

Figure 2.— Évolution de la mortalité infantile et de ses composantes
Île de la Réunion (1951-1999)
Source : Insee, état civil.

IV. Quelques comparaisons

Nous avons choisi de comparer la situation de la mortalité infantile à la Réunion non seulement avec la métropole mais également avec les autres départements d'outre-mer (Martinique, Guadeloupe et Guyane), pour des raisons historiques et politiques, et avec sa voisine immédiate, l'île Maurice, pour des raisons culturelles et géographiques. La comparaison est présentée dans deux graphiques (figures 3[4] et 4) pour plus de lisibilité.

Ce qui frappe d'abord lorsque l'on examine ces graphiques, c'est la rapidité avec laquelle la baisse de la mortalité infantile s'est produite à la Réunion. Au début des années 1950, la proportion d'enfants décédés avant d'atteindre l'âge d'un an y était environ deux fois plus élevée qu'en Martinique, en Guadeloupe et à Maurice, mais dès les années 1970,

---

[4] Nous ne disposons pas de séries continues pour les taux de mortalité infantile en Guadeloupe, Martinique et Guyane. Dans ces trois départements, l'état civil était en effet considéré comme trop imparfait pour fournir des données réalistes avant le milieu des années 1960. Les taux de mortalité infantile pour la période 1951-1963 présentés dans la figure 3 ont donc été estimés à partir des données de recensement (cf. Y. Péron, 1966) et ne sont pas corrigés des faux mort-nés. Pour une meilleure comparabilité, nous avons utilisé la même source pour la Réunion bien que les données d'état civil y soient de bonne qualité dès 1951.

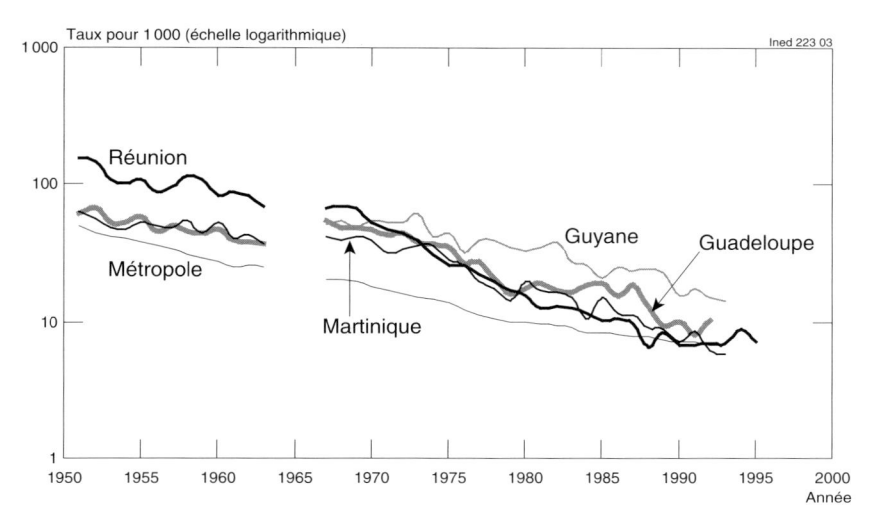

Figure 3.— Mortalité infantile à la Réunion
Comparaison avec les autres Dom et avec la métropole (1951-1995)
Sources : 1951-1963, Y. Péron (1966); 1967-1995, Insee, état civil.

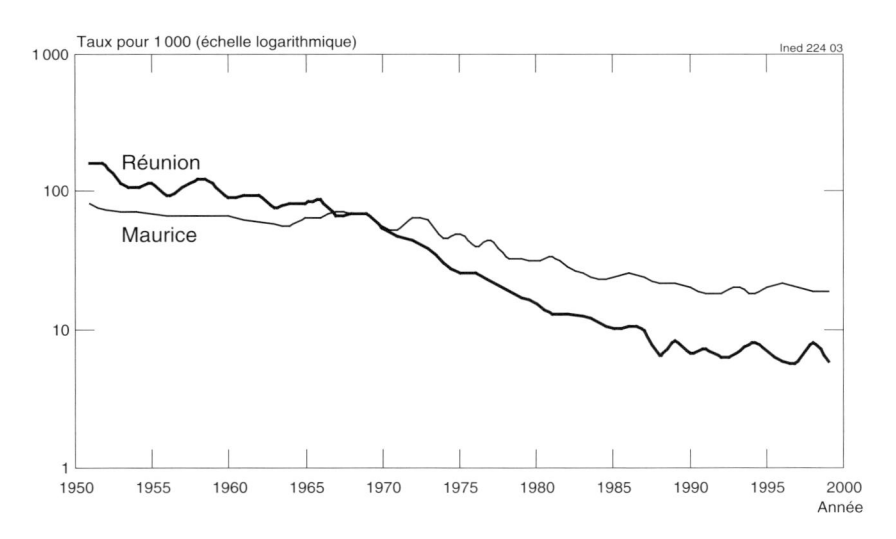

Figure 4.— Mortalité infantile à la Réunion (1951-1999)
Comparaison avec l'île Maurice
Sources : Insee, état civil (Réunion) et ministère de la Santé et de la Qualité de la vie, 2001 (Maurice).

la Réunion avait rattrapé les autres départements d'outre-mer. Par la suite, l'évolution a été parallèle à celle des îles antillaises, laissant loin derrière la Guyane dont la mortalité infantile baisse beaucoup plus lentement. C'est aussi au cours des années 1970 que s'est accompli le rattrapage de l'île Maurice. Du fait d'une stabilisation du taux de mortalité infantile dans cette dernière, voire de sa remontée, entre 1965 et 1975 environ, et malgré une reprise de la baisse après cette période, l'écart entre les deux îles de l'Océan indien est devenu à peu près constant en faveur de la Réunion depuis le milieu des années 1970 et, aujourd'hui, le taux est trois fois plus élevé à Maurice (19 ‰ contre 6 ‰ à la Réunion en 1999).

La comparaison avec la métropole, point de référence pour tous les services sociaux et de santé à la Réunion, est tout aussi favorable. Tandis qu'en 1951, le rapport entre les taux de mortalité infantile de la métropole et de la Réunion allait de 1 à 3 (respectivement 50 ‰ et 165 ‰), la probabilité de décéder avant un an était devenue à peu près identique sur les deux territoires au début des années 1990. Depuis cette date, les taux observés à la Réunion tendent à fluctuer à un niveau un peu plus élevé qu'en métropole, surtout en ce qui concerne la mortalité néonatale, mais le niveau atteint est tellement faible (5 ‰ à la Réunion et 3 ‰ en métropole) qu'il convient de ne pas accorder une importance excessive à cet écart. La seule différence significative qui demeure entre le département de la Réunion et la France métropolitaine est celle observée pour la mortinatalité, avec des taux respectivement égaux à 7,1 ‰ et 4,6 ‰ en 1999.

V. Les causes médicales de décès

La Réunion a aujourd'hui achevé sa transition épidémiologique, cette révolution sanitaire à long terme qui fait passer un pays d'un régime de mortalité caractérisé par une prépondérance des maladies infectieuses et parasitaires à un régime où ces maladies ont presque totalement disparu et où dominent les maladies dites dégénératives. En ce qui concerne les décès infantiles, cette transition s'est plus spécifiquement traduite par un recul des maladies infectieuses et respiratoires aux dépens des affections d'origine périnatale et des anomalies congénitales qui, comme en métropole, représentent maintenant les deux premières causes de décès pendant la période infantile.

Cette évolution nous est connue grâce à la statistique des causes médicales de décès, établie par l'Inserm à partir de 1981 à la Réunion selon une procédure identique à celle mise en œuvre en France métropolitaine depuis 1968. La codification des causes de décès suit les règles de la *Classification internationale des maladies* établie par l'Organisation mondiale de la santé. Comme nous l'avons souligné plus haut, compte tenu du très petit nombre de décès infantiles enregistrés chaque année à la Réunion, soit moins de 100 en moyenne depuis dix ans, nous avons choisi de ne présenter ici qu'un classement en sept chapitres. Ce classement rend très visibles les grandes évolutions tout en s'affranchissant du problème des changements intervenus dans la classification détaillée des causes de décès[5]. Les sept chapitres retenus sont les suivants : (1) maladies infectieuses et parasitaires ; (2) maladies de l'appareil respiratoire ; (3) anomalies congénitales ; (4) affections dont l'origine se situe dans la période périnatale ; (5) symptômes, signes et états morbides mal définis ; (6) accidents (causes extérieures de traumatismes et empoisonnements) ; (7) autres maladies[6]. Le tableau 2 présente l'évolution des taux de mortalité infantile par cause selon ces sept rubriques de 1981 à 1997. En raison du petit nombre de décès infantiles annuels et des fortes variations aléatoires qui s'ensuivent, nous avons regroupé les années en quatre périodes de manière à ce que chacune porte sur 450 à 500 décès. Le tableau 3 compare les taux réunionnais de la période la plus récente (1993-1997) à ceux de la France métropolitaine et de l'île Maurice.

Un examen des taux par cause de décès montre que la transition épidémiologique s'est en grande partie accomplie avant les années 1980. Responsables de 75 % des décès infantiles au milieu du XXe siècle, les maladies infectieuses et parasitaires et les maladies de l'appareil respiratoire représentent aujourd'hui moins de 5 % des décès infantiles à la Réunion. Dès la première période considérée (1981-1983), les taux étaient déjà très faibles, soit respectivement 8 et 4,4 pour 10 000 (tableau 2). La lutte contre ces maladies s'est néanmoins poursuivie efficacement puisqu'en fin de période (1993-1997), ces taux sont respectivement tombés à 2,7 et 2,1 pour 10 000, soit 4 à 5 fois moins qu'à l'île Maurice. S'ils demeurent élevés par rapport aux taux observés en France métropolitaine, où ils s'établissent à environ 1,1 pour 10 000 pour les deux types de causes, ces taux ont atteint un niveau si faible à la Réunion que les progrès qui pourraient encore être réalisés contre ces maladies sont peu susceptibles d'influencer fortement le niveau général de la mortalité infantile.

Ce n'est pas le cas, en revanche, des anomalies congénitales et des affections dont l'origine se situe dans la période périnatale qui représentent, en 1993-1997, environ 70 % des décès. Les taux de mortalité avant l'âge d'un an pour ces deux groupes de maladies s'établissent respectivement à 17,1 et 34,5 pour 10 000 naissances vivantes. Les affections d'origine périnatale représentent le deuxième groupe de causes pour lesquelles on observe une grande différence entre la Réunion et l'île Maurice, le taux

---

[5] En ce qui concerne ces problèmes de changement de classification, voir Vallin et Meslé, 1998.

[6] Ce chapitre regroupe les tumeurs, les maladies endocriniennes de la nutrition et du métabolisme et les troubles immunitaires, les maladies du sang et des organes hématopoïétiques, les troubles mentaux, les maladies du système nerveux et des organes des sens, les maladies de l'appareil circulatoire, les maladies de l'appareil digestif, les maladies des organes génito-urinaires, les complications de la grossesse, de l'accouchement et des suites de couches, les maladies de la peau et du tissu cellulaire sous-cutané, les maladies du sytème ostéo-articulaire, des muscles et du tissu conjonctif.

TABLEAU 2. – CAUSES MÉDICALES DES DÉCÈS INFANTILES À LA RÉUNION DE 1981 À 1997
TAUX ANNUEL MOYEN DE MORTALITÉ POUR 10 000 NAISSANCES VIVANTES

Code CIM	Libellé	1981-1983	1984-1987	1988-1992	1993-1997
001-139	Maladies infectieuses et parasitaires	8,0	10,1	7,5	2,7
460-519	Maladies de l'appareil respiratoire	4,4	3,3	2,7	2,1
740-759	Anomalies congénitales	21,6	17,3	11,2	17,1
760-779	Affections dont l'origine se situe dans la période périnatale	49,7	35,1	22,3	34,5
780-799	Symptômes, signes et états morbides mal définis	6,6	10,5	9,1	6,0
800-999	Accidents	6,6	5,6	2,9	3,9
001-799 (non compris n°s précédents)	Autres maladies	10,5	12,2	9,4	5,7
Total toutes causes		107,5	94,1	65,1	71,9
Nombre de décès		456	487	453	499

Source : Inserm, CépiDc.

TABLEAU 3. – CAUSES MÉDICALES DES DÉCÈS INFANTILES EN 1993-1997
INDICES DES TAUX ANNUELS MOYENS DE MORTALITÉ EN FRANCE MÉTROPOLITAINE ET À L'ÎLE MAURICE (BASE 100 = LA RÉUNION)

Code CIM	Libellé	Réunion	Métropole	Ile Maurice
001-139	Maladies infectieuses et parasitaires	100,0	40,9	364,7
460-519	Maladies de l'appareil respiratoire	100,0	52,6	572,7
740-759	Anomalies congénitales	100,0	72,1	150,7
760-779	Affections dont l'origine se situe dans la période périnatale	100,0	53,9	396,6
780-799	Symptômes, signes et états morbides mal définis	100,0	212,0	54,1
800-999	Accidents	100,0	56,6	103,4
001-799 (non compris n°s précédents)	Autres maladies	100,0	94,9	132,8
Total toutes causes		100,0	74,3	276,9
Nombre de décès		499	19 125	2029

Sources : pour la France métropolitaine et la Réunion, Inserm, CépiDc; pour l'île Maurice, ministère de la Santé et de la Qualité de la Vie.

correspondant étant quatre fois supérieur dans cette dernière pour la période la plus récente. Ces affections incluent principalement la prématurité, le syndrome de détresse respiratoire et les autres affections respiratoires du fœtus et du nouveau-né. Dans la mesure où ces maladies sévissent principalement *in utero* et immédiatement après la naissance, leur prépondérance va de pair avec un accroissement du poids de la mortalité périnatale dans la mortalité totale avant un an. Contrairement à la lutte contre les maladies infectieuses, qui peut être efficacement mise en œuvre avec des moyens simples et peu coûteux (vaccinations et mesures d'hygiène notamment), les maladies génétiques et les affections périnatales ne peuvent être combattues qu'avec des techniques médicales complexes et onéreuses qui ne sont devenues disponibles que progressivement à la Réunion. Cela explique l'écart important qui demeure, pour ces causes de décès, entre ce département et la métropole où, pour la même période, les taux de mortalité infantile pour les anomalies congénitales et les affections périnatales sont respectivement égaux à environ 12 et 18,5 pour 10 000 naissances.

Il convient néanmoins de nuancer ces résultats qui pourraient en partie s'expliquer par un effet de substitution entre les affections périnatales et la catégorie des symptômes et états morbides mal définis. En effet, cette dernière, qui regroupe les décès dont la cause est imprécise, inconnue ou non déclarée, est beaucoup moins importante à la Réunion qu'en métropole. Les taux de mortalité avant un an pour ce groupe de causes s'élevaient, respectivement pour chacun de ces deux territoires, à 6,0 et 12,5 pour 10 000 naissances en 1993-1997. On observe une différence comparable entre la Réunion et l'île Maurice en faveur de cette dernière, où le même taux n'atteint que 3,2 pour 10 000. Ces écarts du simple au double peuvent difficilement s'expliquer autrement que par une divergence dans les pratiques d'enregistrement de la cause des décès infantiles. Les affections d'origine périnatale constituent une catégorie de choix sur laquelle des décès dont la cause est difficile à définir peuvent se reporter et l'on peut penser qu'il existe une tendance plus grande à effectuer un tel report à la Réunion qu'en France métropolitaine, pour une raison qu'il resterait à élucider. Cette hypothèse ne peut malheureusement pas être vérifiée à l'aide d'une analyse des causes de décès pendant la période néonatale puisque nous ne connaissons alors pas la structure de la mortalité par cause, les statistiques n'étant disponibles que pour l'ensemble de la période infantile sans distinction de ses composantes. Une autre possibilité serait qu'une partie des décès de la période néonatale précoce ait été erronément enregistrée parmi les mort-nés pour les causes de décès difficiles à identifier comme cela a été suggéré dans un ouvrage récent (Michel, Catteau et Hatton, 1995). Un tel phénomène pourrait expliquer en partie la différence importante du niveau de la mortinatalité observée entre les deux territoires.

Il demeure néanmoins que l'écart des taux de mortalité infantile par affections d'origine périnatale entre la Réunion et la métropole est certainement en partie réel, compte tenu de la fréquence de la prématurité et de la proportion d'enfants ayant un faible poids à la naissance dans l'île. L'enquête nationale périnatale de 1998 indique que la proportion d'enfants prématurés (moins de 37 semaines de gestation) et celle des enfants de petit poids à la naissance (moins de 2 500 grammes) atteignaient toutes deux environ 12,5 % des naissances en 1999 (PMI, 2000), soit le double des proportions observées en métropole. Or, la prématurité et le petit poids à la naissance sont des facteurs de risque de mortalité périnatale et néonatale précoce (Bréart, 1996 ; Papoz, Schwager et Favier, 2001).

En ce qui concerne le taux de mortalité des enfants de moins d'un an par accident, celui-ci oscille entre 3 et 6,5 pour 10 000 depuis le début des années 1980, soit à peu près autant qu'à l'île Maurice et deux fois plus que le taux observé en France métropolitaine. Le type d'accidents à l'origine des décès enregistrés dans cette catégorie varie fortement d'une année sur l'autre, si bien qu'il est difficile d'identifier les facteurs pouvant expliquer l'écart entre les deux territoires.

Enfin, on observe une tendance à la baisse de la mortalité due aux autres maladies depuis le milieu des années 1980, dont le taux est très comparable à celui observé en métropole en fin de période (1993-1997). Ce sont les maladies du système nerveux qui prédominent très largement dans cette catégorie puisqu'elles représentent presque 80 % des décès, avec un taux égal à 4,5 pour 10 000 naissances en 1993-1997. Si ce taux est environ deux fois supérieur à ce qu'il est en métropole, la proportion des décès qu'il représente est sensiblement la même dans les deux territoires, soit environ 5 % des décès infantiles.

VI. Différences selon le sexe

On observe une surmortalité des garçons pour toutes les composantes de la mortalité infantile (tableau 4), sauf pour la mortinatalité et pour la mortalité néonatale tardive. Les taux de mortalité infantile masculin et féminin s'établissaient respectivement à 8,2 et 5,8 pour 1 000 naissances en 1993-1997, soit un taux 1,4 fois plus élevé pour les garçons. Ce phénomène s'observe aussi en métropole (où le rapport entre le taux de mortalité infantile des garçons et celui des filles s'élève à 1,3 en 1993-1997) et dans les pays européens en général (Barbieri, 1998 ; Kaminsky et Blondel, 1985). La surmortalité masculine est particulièrement marquée juste après la naissance, avec un taux de mortalité néonatale précoce presque deux fois supérieur chez les garçons (4,4 ‰ contre 2,6 ‰ chez les filles en 1993-1997). La fragilité biologique plus grande des petits garçons à la naissance pourrait expliquer à la fois cette surmortalité et la réduction de l'écart entre les deux sexes pour les intervalles suivants (période néonatale tardive et période post-néonatale). Une telle fragilité différentielle devrait toutefois engendrer un écart dans la mortinatalité des garçons et des filles proche de celui observé pour la mortalité néonatale précoce, ce qui n'est pas du tout le cas à la Réunion où les taux de mortinatalité sont presque égaux pour les deux sexes.

TABLEAU 4.– TAUX DE MORTALITÉ INFANTILE ET SES COMPOSANTES SELON LE SEXE ET RAPPORT DE SURMORTALITÉ MASCULINE À LA RÉUNION DE 1993 À 1997

	Taux de mortalité (‰)			Surmortalité masculine
	Sexe masculin	Sexe féminin	Les deux sexes	
Mortinatalité	8,7	8,3	8,5	1,05
Mortalité				
Néonatale précoce	4,4	2,6	3,5	1,70
Néonatale tardive	1,1	1,0	1,0	1,10
Post-néonatale	2,6	2,2	2,4	1,20
Infantile	8,2	5,8	7,0	1,40
Source : Insee, état civil.				

La surmortalité infantile des garçons concerne surtout les affections d'origine périnatale, et notamment l'hypoxie intra-utérine et l'asphyxie à la naissance, tandis qu'en métropole ce sont les maladies de l'appareil respiratoire qui, avant un an, affectent de la façon la plus disproportionnée les petits garçons par rapport aux petites filles. En revanche, ces dernières sont plus sujettes que les garçons aux accidents, mais l'écart entre les sexes tend à se réduire : le rapport entre le taux de mortalité par accident des garçons et celui des filles est passé de 0,5 en 1988-1992 à 0,8 en 1993-1997.

VII. Le contexte médical et démographique de la baisse de la mortalité infantile à la Réunion

En l'absence de données et d'études appropriées, il est impossible d'identifier avec certitude les facteurs responsables de la baisse rapide de la mortalité infantile depuis cinquante ans à la Réunion et ceux qui pourraient expliquer l'écart persistant avec la France métropolitaine. Comme nous allons le voir dans la discussion qui suit, il existe cependant des éléments d'information sur l'évolution de la situation sanitaire et sociale dans l'île qui permettent d'avancer certaines hypothèses. Ces informations laissent par ailleurs entrevoir les problèmes qui continuent à se poser et elles montrent dans quelle direction des progrès sont encore possibles.

1. Les progrès médicaux et l'accès à la santé

Le système français de Sécurité sociale a été étendu à la Réunion dès 1947 dans les textes, mais il n'a réellement été mis en application qu'à partir de 1954. Ce système organise une couverture financière collective des soins de santé. Un régime de tiers payant particulier à la Réunion assure la gratuité complète des soins de santé et explique la couverture sociale généralisée dont bénéficie la population. En 1999, 98 % des femmes enceintes réunionnaises sont ainsi inscrites à un régime de protection sociale (DRASS, 1999). L'équipement médical a suivi une évolution parallèle avec un accroissement régulier du personnel médical et du nombre de lits, notamment dans les services de gynécologie-obstétrique. Observons toutefois que ce nombre, bien qu'aujourd'hui supérieur à la moyenne nationale pour mille femmes en âge de procréer, y demeure très inférieur lorsqu'on le rapporte au nombre des naissances (24 pour mille à la Réunion contre 32 pour mille en métropole) (Observatoire régional de la santé, 1995). Ce retard n'a toutefois pas empêché la médicalisation généralisée de la grossesse et de l'accouchement à la Réunion.

Le suivi des femmes enceintes s'est tellement amélioré au cours des trente dernières années qu'il n'a aujourd'hui plus grand-chose à envier à la métropole. Ainsi, selon les certificats du 8e jour, 87 % des femmes ayant accouché en 1999 ont bénéficié d'au moins 7 consultations prénatales, 11 % en ont eu 4 à 6, et moins de 2 % en ont eu 3 ou moins (PMI, 2000) et l'enquête nationale périnatale de 1998 montre que le nombre moyen de consultations prénatales est plus élevé à la Réunion qu'en métropole (DRASS, 1999). Depuis le début des années 1990, en moyenne chaque année, moins d'une cinquantaine de femmes accouchent sans avoir suivi une seule consultation prénatale, soit 0,3 % des naissances en 1999. On observe parallèlement un accroissement de la proportion de femmes ayant bénéficié de trois échographies pendant leur grossesse. Entre les deux enquêtes périnatales de 1995 et 1998, cette proportion a augmenté de 8 points, passant de 53 % à 61 % (DRASS, 1999).

L'accès généralisé aux soins de santé s'étend à l'accouchement et aux premiers jours de la vie. Tandis qu'en 1951, plus de 75 % des naissances avaient lieu à domicile, cette proportion est aujourd'hui tombée à 0,5 %, ce qui permet une prise en charge médicale immédiate de la quasi-totalité des nourrissons (Insee, 1957; Inserm *et al.*, 1995). Les certificats du 8e jour montrent par exemple qu'en 1999, près de 95 % des enfants nés à la Réunion ont bénéficié d'un examen médical à l'issue de leur première semaine de vie et que dans 99 % des cas, l'examen a été effectué par un pédiatre (PMI, 2000), soit une proportion supérieure à celle observée en métropole (94 % en 1994). Enfin, le suivi médical se poursuit pendant la petite enfance comme l'indique une couverture vaccinale comparable à celle de la métropole, sinon meilleure (Catteau, 2001).

2. La baisse de la fécondité

Les changements des comportements reproductifs ont également pu induire une baisse de la mortalité infantile dans la mesure où ils se sont accompagnés d'une diminution de la proportion des naissances à risque. S'élevant à 7 enfants par femme vers 1950, l'indice conjoncturel de fécondité s'est progressivement réduit pour atteindre 3 en 1980, puis 2,3 en 1998, avec toutefois une légère remontée à 2,4 en 1999 et 2,5 en 2000. Dans le même temps, le taux brut de natalité a chuté d'un niveau exceptionnel de 50 ‰ dans les années 1950 et 1960 à 20 ‰ au milieu des années 1990. Il semble depuis lors s'être stabilisé à ce niveau, qui reste encore considérablement supérieur à celui de 13 ‰ observé en métropole en l'an 2000 (Insee, 2002a). Cette évolution s'est accomplie sous l'effet d'un changement de la répartition des naissances selon l'âge des mères et d'une baisse de la proportion des naissances de rang élevé (tableaux 5 et 6). Des travaux menés sur la fécondité en France et à l'étranger montrent que la mortalité infantile est plus élevée chez les enfants nés des mères les plus jeunes et les plus âgées ainsi que chez les enfants de rang élevé.

Un examen de la répartition des naissances selon l'âge des mères montre toutefois que, globalement, le calendrier de la fécondité n'a pas évolué d'une manière particulièrement favorable à la baisse de la mortalité infantile. En effet, la proportion des naissances issues de femmes âgées de 25 à 34 ans, groupes d'âges associés à la survie des enfants la plus élevée, ne s'est que très faiblement accrue, de 49 % à 53 % entre 1951 et 2000 (tableau 5). En revanche, l'évolution de la répartition par rang des naissances vivantes a eu un poids considérable sur l'amélioration de la survie infantile. Le tableau 6 présente la répartition des naissances vivantes selon le rang en 1951 et en 2000 à la Réunion et compare cette dernière avec celle observée à la même date en France métropolitaine. Il montre un renversement de la distribution avec un effondrement de la proportion des naissances de rang 4 ou plus au profit des naissances de rang 1 et 2. La part des enfants de rang 4 ou plus s'est en effet réduite de 47 % des naissances en 1951 à 10 % aujourd'hui. Le changement est particulièrement frappant en ce qui concerne les naissances de rang 5 ou plus dont la proportion a été divisée par neuf sur la période (36 % en 1951 contre 4 % en 2000). Or, une étude de l'Insee montre que par rapport aux enfants de rang 1 et 2, la surmortalité atteint 15 % pour les enfants de rang 3, 40 % pour les enfants de rang 4 et presque 55 % pour les enfants de rang 5 ou plus en France métropolitaine (Dinh, 1998). En supposant que ces rapports s'appliquent à la Réunion, l'évolution de la structure par rang des naissances qui y est observée depuis les années 1950 suffirait à expliquer plus de 20 % de la baisse de la mortalité infantile. Si la répartition par rang des naissances à la Réunion s'alignait sur celle de la France métropolitaine en 2000, cela n'engendrerait qu'une baisse de 4 % du taux de mortalité infantile. Les changements qui pourraient encore se produire à la Réunion dans les comportements reproductifs n'auront donc probablement plus beaucoup d'effets sur le niveau de la mortalité des enfants.

TABLEAU 5. – RÉPARTITION DES NAISSANCES VIVANTES SELON L'ÂGE DE LA MÈRE* À LA RÉUNION (1951 ET 2000) ET EN FRANCE MÉTROPOLITAINE (2000)

Groupe d'âges	Réunion 1951		Réunion 2000		France métropolitaine 2000	
	Nombre de naissances	Proportion (en %)	Nombre de naissances	Proportion (en %)	Nombre de naissances	Proportion (en %)
Moins de 20 ans	704	6,0	1 234	8,3	15 706	2,0
20-24 ans	2 807	24,1	3 241	21,8	103 571	13,4
25-29 ans	3 259	27,9	4 134	27,9	273 523	35,3
30-34 ans	2 465	21,1	3 703	24,9	247 714	32,0
35-39 ans	1 658	14,2	2 049	13,8	109 881	14,2
40 ans ou plus	775	6,6	481	3,2	24 387	3,1
Tous âges	11 668	100,0	14 842	100,0	774 782	100,0

* Pour la Réunion en 1951, les calculs ne portent que sur les naissances pour lesquelles l'âge de la mère est connu (à l'exclusion des 16 naissances pour lesquelles il n'a pas été déclaré, soit moins de 0,1 % de l'ensemble des naissances); l'âge de la mère est connu pour toutes les naissances de 2000, à la Réunion comme en France métropolitaine.
Sources : pour 1951 : Insee, 1957; pour 2000 : Beaumel, Doisneau et Vatan, Insee, 2002a.

TABLEAU 6. – RÉPARTITION DES NAISSANCES VIVANTES SELON LE RANG* À LA RÉUNION (1951 ET 2000) ET EN FRANCE MÉTROPOLITAINE (2000)

Rang de naissance	Réunion 1951		Réunion 2000		France métropolitaine 2000	
	Nombre de naissances	Proportion (en %)	Nombre de naissances	Proportion (en %)	Nombre de naissances	Proportion (en %)
1	2 406	23,7	6 621	44,6	404 804	52,2
2	1 579	15,5	4 557	30,7	236 441	30,5
3	1 477	14,5	2 158	14,5	91 941	11,9
4	1 007	9,9	852	5,7	25 749	3,3
5	884	8,7	371	2,5	8 519	1,1
6	741	7,3	149	1,0	3 563	0,5
7 ou plus	2 069	20,4	134	0,9	3 765	0,5
Ensemble	10 163	100,0	14 842	100,0	774 782	100,0

* Pour la Réunion en 1951, les calculs ne portent que sur les naissances pour lesquelles le rang de naissance est connu (à l'exclusion des 1 521 naissances pour lesquelles il n'a pas été déclaré, soit 13 % de l'ensemble des naissances); le rang de naissance est connu pour toutes les naissances de 2000, à la Réunion comme en France métropolitaine.
Sources : pour 1951 : Insee, 1957; pour 2000 : Beaumel, Doisneau et Vatan, Insee, 2002a.

VIII. Les problèmes qui demeurent

Malgré une évolution positive sur le long terme, les professionnels de la santé se sont inquiétés d'une apparente stabilisation de la mortalité périnatale et, dans une moindre mesure, de la mortalité néonatale tardive au cours des années 1990, stabilisation d'autant plus préoccupante que le niveau atteint reste supérieur à celui observé en métropole. Cette stabilisation est liée aux fortes proportions de naissances de prématurés (moins de 37 semaines de gestation) et d'enfants de petits poids à la naissance (moins de 2 500 grammes), qui atteignent chacune 12 % à la Réunion contre environ 7 % en métropole (DRASS, 1999). Les médecins expliquent ces différences par des facteurs de risque plus fréquemment observés dans l'île qu'en métropole (Inserm *et al.*, 1995).

1. L'état de santé des femmes

Le problème le plus souvent mentionné est celui de l'alcoolisme. La surconsommation d'alcool chez la femme enceinte est associée à des maladies graves, dont le syndrome d'alcoolisation fœtale qui, selon une étude malheureusement déjà ancienne, aurait concerné à l'époque 5 à 6 naissances vivantes pour mille (Lesure, 1988). Cette affection se manifeste par des anomalies congénitales, un retard de croissance et un dysfonctionnement du système nerveux susceptibles non seulement d'entraîner des handicaps à vie mais également d'augmenter la probabilité d'un décès néonatal.

Le diabète et l'hypertension artérielle sont les deux autres fléaux tenus pour responsables des problèmes de santé rencontrés par les Réunionnaises pendant leur grossesse. Le taux de mortalité par diabète des femmes réunionnaises était encore quatre fois supérieur à celui des femmes vivant en France métropolitaine au début des années 1990 (Michel, Catteau et Hatton, 1995). Aujourd'hui, 15 % des femmes enceintes sont encore affectées par le diabète ou l'hypertension artérielle, deux facteurs de risque pour l'enfant qu'elles portent (Papoz *et al.*, 2001). Ces situations représentent la deuxième cause d'hospitalisation en cours de grossesse après les menaces d'accouchement prématuré (DRASS, 1999). Elles pourraient également expliquer en partie l'hospitalisation plus fréquente des femmes enceintes à la Réunion comparativement à la métropole. L'enquête périnatale de 1998 a en effet montré que la proportion de femmes ayant été hospitalisées pendant leur grossesse était, à la Réunion, supérieure de près de moitié à celle de la métropole (30 % contre 21 %) et, parmi ces femmes, la proportion de celles qui ont dû être hospitalisées pendant plus de 6 jours est de 20 % à la Réunion, contre 11 % en métropole, soit un rapport du simple au double (DRASS, 1999).

En réponse aux préoccupations exprimées par les médecins, la Direction régionale de l'action sanitaire et sociale (DRASS) a mis en œuvre à la Réunion un plan périnatal sur cinq ans (1996-2001). Ce plan comprenait un ensemble de mesures destinées à améliorer le suivi de la grossesse et les conditions de l'accouchement, notamment par une réorganisation du système hospitalier et la création d'un réseau périnatal de professionnels. Les deux premières enquêtes périnatales (1995 et 1998) ont d'ailleurs eu lieu à la Réunion dans la perspective d'une évaluation de ce programme et une nouvelle enquête devrait bientôt avoir lieu. Les données d'état civil les plus récentes (1999) indiquent d'ores et déjà une reprise de la baisse des taux de mortalité périnatale et néonatale tardive. Cependant, compte tenu du petit nombre d'événements et d'importantes fluctuations aléatoires d'une année sur l'autre, un recul de plusieurs années sera nécessaire pour confirmer ce bon résultat. Il semble toutefois que la situation économique précaire d'une partie de la population réunionnaise constitue un frein aux progrès de la lutte contre la mortalité infantile.

2. *Le poids des facteurs économiques et sociaux*

Le niveau de vie moyen a augmenté régulièrement à la Réunion et la croissance annuelle du produit intérieur brut (PIB) a été presque deux fois supérieure en moyenne à celle de la métropole au cours des vingt dernières années (Insee, 2002b). L'amélioration des conditions de vie est indéniable et explique certainement en partie la baisse rapide de la mortalité infantile, mais la Réunion reste un département pauvre. À la fin des années 1990, le produit intérieur brut par habitant n'atteint encore que 40 % du niveau métropolitain et les revenus d'une grande partie de la population demeurent liés aux transferts financiers publics, notamment les prestations sociales (Insee, 2002b). Le chômage touche un adulte sur trois, contre un sur dix en métropole, et la Réunion occupe la dernière place pour cet indicateur parmi les 24 régions françaises (Insee, 2002b).

En ce qui concerne plus particulièrement les femmes enceintes, l'enquête périnatale de 1998 montre que seulement 60 % d'entre elles vivent dans un ménage dont au moins une partie des ressources est issue d'un emploi rémunéré (contre plus de 90 % en métropole) et presque la moitié perçoit une allocation de l'État (chômage, revenu minimum d'insertion ou allocation de parent isolé) contre moins de 20 % en métropole. Or, l'enquête montre aussi que les femmes se trouvant en situation de précarité économique bénéficient de moins de consultations prénatales que les autres (DRASS, 1999) et l'on sait, grâce à l'analyse des certificats du 8e jour, que la probabilité de mettre au monde un enfant de petit poids, donc soumis à un risque de décès accru, augmente significativement lorsque le nombre de consultations prénatales est inférieur à quatre (Rochat et Brodel, 1999). Ce résultat est d'ailleurs confirmé par l'enquête périnatale qui indique que la fréquence des hospitalisations prénatales est plus élevée (33 %) chez les femmes en situation de précarité économique et, après l'accouchement, chez leurs enfants (16 %) que chez les autres (respectivement 24 % et 10 %) (DRASS, 1999).

Conclusion

La mortalité infantile a connu une baisse remarquable à la Réunion au cours des cinquante ans qui viennent de s'écouler. Cette baisse s'est accomplie plus rapidement pour la mortalité post-néonatale, qui se situe aujourd'hui au même niveau qu'en métropole, que pour la mortalité néonatale, qui tend à demeurer un peu plus élevée, notamment dans la première semaine suivant la naissance. Cette évolution s'est accompagnée d'un effondrement des décès dus aux maladies infectieuses et parasitaires et ce sont aujourd'hui les affections dont l'origine se situe pendant la période périnatale et les anomalies congénitales qui représentent les deux premières causes de décès infantiles, très loin devant les autres maladies. Le mauvais état de santé relatif des femmes réunionnaises en âge de procréer par rapport à celui des femmes vivant en métropole pourrait expliquer la précarité sanitaire plus grande des nouveau-nés sur l'île. Le diabète et l'hypertension artérielle sont les deux facteurs de risque les mieux identifiés chez les Réunionnaises pendant leur grossesse, facteurs qui sont à mettre en parallèle avec le taux de prématurité élevé des nouveau-nés et la proportion des enfants de petit poids à la naissance, qui sont deux fois plus élevés qu'en France métropolitaine. C'est donc par un renforcement du suivi des femmes les plus exposées, surtout celles qui sont économiquement démunies, que les progrès dans la lutte contre la mortalité infantile à la Réunion pourront se poursuivre.

RÉFÉRENCES

BARBIERI Magali, 1998, « La mortalité infantile en France », *Population*, 53(4), p. 813-838.
BARBIERI Magali, Christine CATTEAU, 2001, « La mortalité des enfants à la Réunion : niveaux, tendances et déterminants », communication présentée aux *Journées sur la démographie*, Saint-Denis de la Réunion, 21-23 novembre 2001.
BEAUMEL Catherine, Lionel DOISNEAU, Mauricette VATAN, 2001, *La situation démographique en 1998. Mouvement de la population*, Insee résultats, n° 80-81 (Démographie-société), 291 p.
BLONDEL Béatrice, 2000, « La modification des règles d'enregistrement des naissances vivantes et des mort-nés en France. Quel impact sur la mortalité périnatale ? », *Population*, 55(3), p. 623-627.
BRÉART Gérard, 1996, « Prématurité spontanée, prématurité induite », *Santé et mortalité des enfants en Europe*, Chaire Quetelet 1994, Institut de démographie/École de santé publique, Louvain-la-Neuve, Academia-Bruylant/L'Harmattan, p. 539-549.
CATTEAU Christine, 2001, *État de santé, offre de soins à la Réunion*, DREES (Série Statistiques, Document de travail n° 20), 33 p.
DINH Quang Chi, 1998, « Les inégalités sociales de la mortalité infantile s'estompent », *Économie et statistique*, n° 314, p. 89-102.

DIRECTION RÉGIONALE DE L'ACTION SANITAIRE ET SOCIALE (DRASS), Réunion, 1999, *Enquête périnatale 1998*, rapport interne non publié, Saint-Denis, la Réunion.
FESTY Patrick (avec la collaboration de Christine HAMON), 1983, *Croissance et révolution démographiques à la Réunion* (Travaux et Documents de l'Ined, Cahier 100), 116 p.
INSEE, 1957, *Statistique du mouvement de la population dans les départements d'outre-mer. Martinique, Guadeloupe, Réunion. Années 1951 à 1956*, Paris, Imprimerie nationale et Presses universitaires de France.
INSEE, 2002a, *La situation démographique en 2000* (Insee résultats, Société, n° 10), 44 p.
INSEE, 2002b, *Tableau économique de la Réunion*, édition 2002-2003, 210 p.
INSERM, DDASS, Conseil général de la Réunion (Protection maternelle et infantile), non publié, *La naissance à la Réunion en 1995 : présentation des résultats de l'Enquête périnatale*, rapport interne.
KAMINSKY Monique, Béatrice BLONDEL, 1985, « Mortalité des enfants de moins de un an », in M. Kaminsky, M.-H. Bouvier-Colle, B. Blondel (éd.), *Mortalité des jeunes dans les pays de la Communauté européenne (de la naissance à 24 ans)*, Paris, Les Éditions de l'Inserm, Doin, Chap. III, p. 29-51.
LESURE J.-F., 1988, « L'embryofœtopathie alcoolique à l'île de la Réunion : un drame social », *Revue de pédiatrie*, 43(24), p. 265-271.
MICHEL Éliane, Christine CATTEAU, Françoise HATTON, 1995, *Mortalité à la Réunion*, Paris, Les Éditions de l'Inserm, 122 p.
MINISTRY OF HEALTH AND QUALITY OF LIFE, 2001, *Family Planning and Demographic Yearbook 2000*, Evaluation unit, Republic of Mauritius, Port-Louis, vol. 26.
OBSERVATOIRE RÉGIONAL DE LA SANTÉ DE LA RÉUNION, 1995, *La santé observée à la Réunion. Tableau de bord régional sur la santé*. Sécurité sociale et ministère des Affaires sociales, de la Santé et de la Ville.
PAPOZ Laure, Jean-Claude SCHWAGER, François FAVIER, 2001, *Étude REDIA sur le diabète de type 2 à la Réunion 1999-2001. Résultats principaux*, Inserm, Unité 500, Groupe hospitalier Sud Réunion, Centre hospitalier départemental.
PÉRON Yves, 1966, « La population des départements français d'outre-mer », *Population*, 21(1), p. 99-132.
PROTECTION MATERNELLE ET INFANTILE (PMI), Département de la Réunion/DPEFS, 2000, *Les certificats de santé du 8e jour. Année 1999*, Conseil général de la Réunion.
ROCHAT R., A. BRODEL, 1999, *Les Certificats de santé du 8e jour. Évolution de 1991 à 1996*, Protection maternelle et infantile, Département de la Réunion/DPEFS, Conseil général de la Réunion.
VALLIN Jacques, France MESLÉ, 1998, « Comment suivre l'évolution de la mortalité par cause malgré les discontinuités de la statistique. Le cas de la France de 1925 à 1993 », in Gérard Pavillon (éd.), *Enjeux des classifications internationales en santé. Questions en Santé publique*, Les Éditions de l'Inserm, p. 113-156.

BARBIERI Magali, CATTEAU Christine.— **L'évolution de la mortalité infantile à la Réunion depuis cinquante ans**

L'évolution de la mortalité infantile à la Réunion au lendemain de la seconde guerre mondiale a été l'une des plus rapides au monde. Alors que le taux de mortalité infantile s'établissait au-dessus de 165 pour 1 000 naissances il y a cinquante ans, il est aujourd'hui inférieur à 10 ‰. Toutes les composantes de la mortalité infantile ont participé à ce recul même si chacune a évolué à un rythme propre. Cette évolution s'est accompagnée de changements considérables dans la structure par cause des décès, avec un effondrement de la part des maladies infectieuses et respiratoires et une proportion de plus en plus importante des décès dus aux affections périnatales et aux anomalies congénitales. L'accès généralisé à la santé et la médicalisation de la grossesse et de l'accouchement ont sans aucun doute joué sur la baisse de la mortalité infantile, mais les changements des comportements reproducteurs et d'autres facteurs socio-économiques ont également contribué aux progrès observés. Des inquiétudes demeurent, toutefois, en ce qui concerne les enfants nés dans les milieux socio-économiques les plus défavorisés.

BARBIERI Magali, CATTEAU Christine.— **Changes in Infant Mortality in Réunion in the Last Fifty Years**

Changes in infant mortality in Réunion since the end of the Second World War have been among the most rapid in the world. Whereas the infant mortality rate was over 165 per 1,000 births fifty years ago, it is currently under 10‰. All the components of infant mortality have contributed to this reduction even though each has evolved at its own pace. This evolution has been accompanied by substantial changes in the structure by cause of death, with a sharp decline in infectious and respiratory diseases and a growing proportion of deaths from perinatal disorders and congenital anomalies. Generalized access to health care and the medicalization of pregnancies and childbirth have undoubtedly contributed to reducing infant mortality, but changes in reproductive behaviour and other socio-economic factors have also contributed to the progress observed. Concerns remain, however, regarding children born in the most deprived socio-economic categories.

BARBIERI Magali, CATTEAU Christine.— **La evolución de la mortalidad infantil en la Reunión en los últimos cincuenta años**

La disminución de la mortalidad infantil de la Reunión desde la segunda guerra mundial está entre las más rápidas del mundo. Mientras que la tasa de mortalidad infantil estaba por encima de 165 por 1000 nacimientos hace cincuenta años, actualmente es inferior al 10‰. Todos los componentes de la mortalidad infantil han contribuido a tal disminución, aunque cada uno ha evolucionado a su ritmo. Tal evolución ha ido acompañada de cambios considerables en la estructura por causa de mortalidad, con un descenso muy importante de las enfermedades infecciosas y respiratorias y una proporción progresivamente más importante de muertes debidas a afecciones perinatales y anomalías congénitas. El acceso generalizado a la salud y a la atención médica del embarazo y del parto ha jugado un papel importante en la baja de la mortalidad infantil, pero los cambios en los comportamientos reproductores y otros factores socioeconómicos han contribuido al progreso observado. Sin embargo, la mortalidad infantil en medios socioeconómicos desfavorecidos sigue siendo motivo de preocupación.

Magali BARBIERI, Institut national d'études démographiques, 133 bd Davout, 75980 Paris Cedex 20, tél : 33 0(1) 56 06 21 55, fax : 33 0(1) 56 06 21 99, courriel : barbieri@ined.fr

VIETNAM : INÉGALITÉS, GENRE ET SANTÉ

D. BÉLANGER,　　　— Les rapports de masculinité à la naissance
KHUAT T. H. O.,　　augmentent-ils au Vietnam ?
LIU J., LE T. T.,
PHAM V. T.

NOTE DE RECHERCHE

THANG M. N.,　　　—Évolution des revenus et du système de santé au
B. M. POPKIN　　　　Vietnam : réduction de la pauvreté et augmentation
　　　　　　　　　　des inégalités de prise en charge

Les rapports de masculinité à la naissance augmentent-ils au Vietnam ?

Danièle BÉLANGER, KHUAT Thi Hai Oanh, LIU Jianye,
LE Thanh Thuy et PHAM Viet Thanh*

> *Dans plusieurs grands pays d'Asie comme l'Inde ou la Chine, l'augmentation parfois forte du taux de masculinité à la naissance est un des effets du maintien d'une forte préférence pour les garçons dans un contexte de baisse rapide de la taille des familles. Cette discrimination à l'égard des filles peut être le résultat de trois phénomènes : leur sous-enregistrement à la naissance, l'avortement sélectif selon le sexe et une surmortalité des filles dans la première année, liée à une inégalité de traitement. Danièle BÉLANGER et ses collègues ont étudié le cas du Vietnam qui a en commun avec la Chine, outre une parenté culturelle, le fait d'avoir mis en place une politique de planification familiale, la politique des deux enfants, stricte dans les objectifs mais inégale dans l'application. Les données analysées par les auteurs, parmi lesquelles de précieuses données hospitalières, ne permettent pas de conclure à une augmentation significative des taux de masculinité à la naissance, même si dans certains groupes sociaux (les cadres de l'État), ou aux parités supérieures à deux, on observe des valeurs plus élevées du taux de masculinité. Si cette non-discrimination envers les filles se confirmait, elle serait l'une des manifestations d'un statut plus élevé des femmes au Vietnam qu'en Chine.*

L'augmentation des rapports de masculinité constatée dans certains pays d'Asie a suscité une vive attention au cours des dix dernières années. Depuis le décompte des « filles disparues » dans le monde, effectué par Amartya Sen (1990) et Ansley Coale (1991) et dont on estimait déjà le nombre à 60 à 100 millions au début des années 1990, les recherches se

---

* Danièle BÉLANGER et LIU Jianye : Département de sociologie et Centre d'études démographiques, The University of Western Ontario, London, Canada ; KHUAT Thi Hai Oanh : Centre d'études sur le développement social, Hanoï, Vietnam ; LE Thanh Thuy, Hôpital d'obstétrique et de gynécologie d'Hanoï, Hanoï, Vietnam ; PHAM Viet Thanh, Hôpital d'obstétrique et de gynécologie Tu Du, Hô Chi Minh-Ville, Vietnam.
Traduit par C. Schellings.

sont multipliées (Aghihotri, 2002 ; Das Gupta et Bhat, 1997 ; Klasen et Wink, 2002 ; Li *et al.*, 2000 ; Poston *et al.*, 1997). Ces travaux s'interrogent notamment sur les causes et les conséquences d'un nombre anormalement élevé de garçons par rapport aux filles. Les facteurs expliquant cette augmentation des rapports de masculinité à la naissance présentent un intérêt particulier pour les démographes (Hull, 1990 ; Li *et al.*, 2000 ; Park et Cho, 1995 ; Unisa *et al.*, 2002 ; Zeng *et al.*, 1993). On trouve dans la littérature démographique trois facteurs expliquant les rapports de masculinité élevés en Chine, en Corée du Sud et en Inde : un sous-dénombrement des filles à la naissance, le recours à des techniques d'avortement sélectif des fœtus féminins et un délaissement des filles – pouvant aller jusqu'à l'infanticide –, cause d'une mortalité plus forte que chez les garçons au cours de la première année de vie. L'importance relative de chaque facteur varie en fonction des politiques démographiques du pays, de la facilité avec laquelle on peut avorter, de l'accès à la technologie médicale pour déterminer le sexe du fœtus et des différentes pratiques dans les soins prodigués aux garçons et aux filles. Cependant, de l'avis général, l'avortement sélectif selon le sexe est, pour une grande part, à l'origine de ce manque de filles, surtout dans l'Asie confucianiste, c'est-à-dire la Chine, Taiwan, Hong-Kong et la Corée du Sud, où les taux de fécondité sont faibles, le recours à l'avortement fréquent et l'accès à l'échographie répandu. Par contre, en Inde, c'est la conjugaison de stratégies prénatales et postnatales qui perpétue la discrimination envers les filles (Cohen, 2002 ; Das Gupta et Bhat, 1997 ; Sudha et Rajan, 1999 ; Unisa *et al.*, 2002).

La cause fondamentale de ces rapports de masculinité élevés à la naissance réside dans une préférence marquée pour les garçons. Ces sociétés ont en commun une structure sociale de type patrilinéaire, patrilocal et patriarcal, dans laquelle les fils ont un statut plus prestigieux et davantage de valeur aux yeux de leurs parents que les filles. Avoir des fils est indispensable pour les parents et les autres membres de la famille pour des raisons économiques, sociales, culturelles et spirituelles. Si la valeur des fils en tant que source de main-d'œuvre est connue s'agissant des sociétés en développement, le cas de la Corée du Sud démontre la force de la valeur culturelle et spirituelle accordée aux fils, qui persiste dans un contexte de développement socio-économique (Larsen *et al.*, 1998). Malgré une fécondité faible et en baisse, la préférence pour les fils reste vive et peut même être exacerbée par la tension qui résulte du nécessaire compromis entre une faible demande d'enfants – les gens veulent une famille peu nombreuse – et une forte demande de fils (Croll, 2000 ; Das Gupta et Bhat, 1997). La fécondité peut demeurer faible alors que le projet parental reste dominé par le désir d'avoir des fils. Or, sans intervention humaine, il est impossible à une majorité de parents de limiter le nombre de leurs enfants tout en ayant au moins un ou deux fils. La préférence pour les garçons, qui serait semble-t-il en progression dans certaines sociétés asiatiques, a été attribuée à des valeurs culturelles susceptibles d'annuler l'influence des facteurs – taille réduite de la famille et incidence du développement économique – qui tendraient à promouvoir davantage d'égalité entre les enfants des deux sexes (Croll, 2000).

Le Vietnam partage avec la Chine et la Corée du Sud la même structure sociale fondée sur la parenté et le même héritage culturel confucianiste. Cependant, on ne sait guère si les rapports de masculinité ont augmenté et si l'on y pratique l'avortement sélectif des fœtus féminins. Les statistiques d'état civil sont incomplètes et le premier recensement général n'a eu lieu qu'en 1989[1]. Il a été suivi d'un autre, en 1999, dont les résultats ont été publiés fin 2001. On peut donc maintenant procéder à une analyse de la situation du Vietnam, qui s'impose d'autant plus que la recherche démographique a clairement montré que la préférence pour les garçons influence profondément le comportement de la population en matière de contraception et de fécondité (Haughton et Haughton, 1995 ; Johansson, 1996, 1998). De plus, l'avortement y est légal et courant (Goodkind, 1994), et les échographies sont pratiquées depuis le début des années 1990. Cependant, aucun travail de recherche ne s'est intéressé jusqu'à présent aux rapports de masculinité à la naissance au Vietnam malgré les similitudes qu'il présente avec d'autres pays où l'existence de rapports de masculinité élevés est avérée. Le présent article s'efforce de combler cette lacune. S'il est important de traiter ce sujet, c'est aussi parce que le Comité national de la population et du planning familial vietnamien a récemment décidé (en décembre 2002) de préparer un texte de loi qui interdirait l'identification par une technique médicale du sexe du fœtus, une pratique jusqu'à présent non réglementée au Vietnam. Cet article présente donc les résultats d'une étude des rapports de masculinité à la naissance à partir des recensements de 1989 et 1999, des statistiques hospitalières pour Hanoï et Hô Chi Minh-Ville et de l'enquête sur les niveaux de vie au Vietnam (*Vietnam Living Standard Survey*) réalisée en 1997-1998.

I. Comportement démographique et préférence pour les garçons au Vietnam

Le Vietnam présente les mêmes caractéristiques que d'autres pays d'Asie ayant des rapports de masculinité élevés : faible fécondité et préférence pour les garçons. Sur le plan culturel, on peut considérer que le Vietnam fait partie de l'Asie de l'Est en raison de la forte influence du confucianisme[2]. Les pays confucianistes (la Chine, Taiwan et la Corée)

---

[1] Un recensement général de la population fut réalisé en 1979 mais ses données sont limitées et leur qualité faible. Par exemple, aucune information sur le statut matrimonial n'a été collectée.
[2] Géographiquement, le Vietnam fait partie de l'Asie du Sud-Est qui se distingue en général par des systèmes familiaux bilatéraux et des relations entre sexes plus égalitaires. Bien que la question de l'influence relative des cultures de l'Asie du Sud et du Sud-Est ne fasse pas l'unanimité, l'occupation séculaire du Vietnam par la Chine a laissé l'empreinte profonde du confucianisme, dans le nord et le centre du pays en particulier.

ont connu des transitions démographiques parmi les plus rapides du monde en développement (Rele et Alam, 1993). Le Vietnam fait aussi partie de ce groupe en raison d'une baisse rapide de la fécondité (Allman *et al.*, 1991 ; Haughton, 1997) et d'un taux global d'avortement élevé (Goodkind, 1994 ; Goodkind, 1995a ; Henshaw, 1999). Comme la Chine, le Vietnam est déterminé à freiner sa natalité. Depuis la fin des années 1980 est prônée une politique de limitation de la descendance à un ou deux enfants (*Population and Development Review*, 1989) qui est cependant appliquée de manière inégale suivant les provinces et les régions (Goodkind, 1995b ; San *et al.*, 1999). Quoique les sanctions puissent être sévères dans certaines zones rurales, la contrainte, sous la forme de travaux d'intérêt collectif et d'amendes, ne s'applique principalement qu'aux fonctionnaires et aux militaires.

La transition démographique vietnamienne est très avancée. Pour la première moitié des années 1990 (1992-1996), l'indice synthétique de fécondité estimé par l'enquête démographique et sanitaire de 1997 était de 2,6 enfants par femme (Comité national de la population et du planning familial, 1999). Les chiffres les plus récents, ceux de l'enquête sur les niveaux de vie au Vietnam réalisée en 1997-1998, indiquent un indice égal à 2,2 enfants par femme en 1998, c'est-à-dire proche du niveau de remplacement des générations[3] (Le *et al.*, 2001). Dans les zones urbaines, l'indice est déjà en dessous de ce niveau de remplacement depuis près de dix ans et il est actuellement inférieur à 3 dans les campagnes (Office général de statistique, 2000b ; Comité national de la population et du planning familial, 1999).

Les analyses de la fécondité et du comportement contraceptif réalisées au Vietnam ont confirmé que la préférence pour les garçons affecte le projet parental. Les familles vietnamiennes ayant deux filles ont plus souvent un troisième enfant que celles ayant au moins un fils et les femmes n'ayant que des filles sont moins susceptibles de recourir à la contraception que les femmes qui ont un ou plusieurs fils (Haughton, 1997 ; Haughton et Haughton, 1995). En outre, la préférence pour les garçons, telle qu'elle s'exprime dans les comportements procréateurs, est restée forte tout au long des années 1990 tandis que l'indice synthétique de fécondité ne cessait de chuter (Le *et al.*, 2001). D'autres travaux de recherche ont révélé un taux élevé d'échec apparent de la contraception chez les femmes porteuses d'un stérilet (Johansson, 1998). En réalité, « l'échec de la contraception » est une manœuvre répandue visant à masquer le retrait d'un stérilet chez les couples qui essaient d'avoir un fils ; ils contournent la politique n'autorisant que deux enfants, une stratégie qu'on retrouve aussi en Chine (Johansson, 1998). Des recherches

---

[3] D'après les données du recensement de 1999, le taux global de fécondité était très semblable aux chiffres de l'enquête sur les niveaux de vie au Vietnam de 1997-1998. Le recensement faisait état de 2 enfants par femme, mais ce nombre a été porté à 2,3 après correction pour cause de dénombrement incomplet (Le *et al.*, 2001).

ethnographiques ont également mis en évidence ce fort désir d'avoir des garçons et la nette préférence manifestée pour les fils par rapport aux filles, malgré les politiques et les lois de promotion de l'égalité des sexes, au sein de la famille notamment, qui ont prédominé pendant quarante années de socialisme (Bélanger, 2001; Bélanger, 2002b). En cela le Vietnam s'apparente beaucoup aux pays voisins où l'on observe des rapports de masculinité élevés à la naissance ainsi que des stratégies pré ou postnatales en faveur des garçons.

II. Données et méthode

Le rapport de masculinité à la naissance est le rapport entre les naissances d'enfants vivants de sexe masculin et de sexe féminin. La valeur attendue pour les populations humaines s'établit à 105 (entre 104 et 107), ce qui veut dire que pour 105 garçons environ naissent 100 filles. Le sexe des premiers enfants nés dans une famille ne semble pas avoir d'influence sur le sexe des cadets (Jacobsen *et al.*, 1999). Un autre indicateur fréquemment utilisé en lieu et place du rapport de masculinité à la naissance est le rapport de masculinité de la population à l'âge 0, calculé à partir des données des recensements. Les données du présent article provenant de trois sources différentes, nous préciserons à chaque fois l'estimation du rapport de masculinité à la naissance. Premièrement, nous utilisons le comptage des enfants à l'âge 0, par sexe, à partir des données des recensements de 1989 et 1999 (Office général de statistique, 1992, 2001). Pour l'année 1999, nous reprenons également les conclusions tirées de l'analyse de l'échantillon au 1/20 du recensement. Ces résultats reposent sur un échantillon pondéré comprenant 2 % des ménages en zone rurale et 7 % en zone urbaine (Office général de statistique, 2000a). Il est statistiquement représentatif de l'ensemble de la population. Le Vietnam ayant scindé 15 de ses provinces entre 1989 et 1999, leur nombre est passé de 43 à 61 au cours de cette décennie. À des fins de comparaison, nous avons regroupé les nouvelles provinces issues de la division administrative afin de conserver le même nombre de provinces en 1999 qu'en 1989. L'estimation du rapport de masculinité de la population à l'âge 0 à partir du recensement appelle deux remarques. La première est que les données du recensement sont entachées de sous-déclaration du nombre de bébés, cette lacune pouvant favoriser l'un ou l'autre sexe; deuxièmement, la mortalité infantile affecte les résultats.

Les statistiques d'état civil sur le sexe des enfants par rang de naissance ne sont pas disponibles au Vietnam. Or, en Corée du Sud, ce sont principalement les analyses des rapports de masculinité par rang de naissance qui ont révélé l'existence de rapports très élevés (Park et Cho, 1995). Ces données montrent une augmentation du ratio pour les enfants des rangs supérieurs, ce qui indique une motivation croissante des familles à avoir un fils à mesure que se constitue la famille. Afin d'obtenir des données sur les rapports de masculinité par rang de naissance, nous avons donc rassemblé l'information relative à toutes les naissances survenues dans deux grands hôpitaux, l'un situé à Hanoï et l'autre à Hô Chi Minh-Ville. Ces deux hôpitaux sont parmi ceux qui pratiquent le plus d'accouchements et d'avortements dans ces deux villes. L'hôpital de Hanoï ne dispose de statistiques que pour 2001, celui de Hô Chi Minh-Ville pour 1996, 1999 et 2001. Le nombre total des naissances enregistré à l'hôpital de Hanoï en 2001 est de 9 924 et, à Hô Chi Minh-Ville, il s'élevait à 31 942 en 1996, 26 893 en 1999 et 29 437 en 2001. Hélas, ces statistiques ne donnent aucune indication quant au sexe des enfants que les femmes ont eus précédemment.

Pour pouvoir appréhender l'effet de la parité et du sexe des enfants nés précédemment, nous avons utilisé le module relatant l'histoire génésique de l'enquête sur les niveaux de vie au Vietnam réalisée en 1997-1998 (Office général de statistique, 2000b). Cette enquête est la plus récente qui fournisse des données familiales rétrospectives obtenues auprès d'un échantillon aléatoire de 5 823 femmes mariées en âge de procréer (de 15 à 49 ans). Toutes les femmes interrogées ont relaté leur histoire génésique complète et donné des informations concernant l'utilisation de contraceptifs, la vaccination des enfants, les soins prénataux et l'accouchement. À partir de ces données, nous avons estimé les rapports de masculinité à la naissance en fonction du sexe des enfants nés précédemment. Nous avons également comparé les répartitions théoriques – en faisant l'hypothèse d'indépendance du rapport de masculinité à la naissance à chaque parité – et observées des familles en fonction du sexe de leurs enfants. Soulignons que la possibilité d'une sous-déclaration des naissances par les femmes interrogées, en particulier pour les enfants décédés en bas âge, est une carence des données de l'enquête lorsqu'il s'agit d'estimer les rapports de masculinité des naissances.

III. Résultats

1. Recensements de 1989 et 1999

Les rapports de masculinité de la population à l'âge 0 calculés à partir des recensements de 1989 et 1999 figurent au tableau 1. La colonne 1 reprend les données exhaustives du recensement de 1989, la colonne 2 les résultats de l'échantillon au 1/20 de 1999 et la troisième les données exhaustives du recensement de 1999. En 1989, le rapport de masculinité national à l'âge 0 s'établissait à 107, dans la fourchette attendue de 104 à 107. Les données par province montrent que les rapports de masculinité étaient plus élevés dans les provinces méridionales que dans le

TABLEAU 1. – RAPPORTS DE MASCULINITÉ À L'ÂGE 0 AU VIETNAM PAR PROVINCE ET SUIVANT LE LIEU DE RÉSIDENCE

Province	Recensement 1989	Recensement 1999		Évolution 1989-1999
	Données exhaustives (1)	Échantillon 1/20 (2)	Données exhaustives (3)	(4) = (3) – (1)
Hanoï	105,0	110,5	104,5	– 0,5
Hô Chi Minh-Ville	107,0	112,4	106,6	– 0,4
Haiphong	105,7	101,2	104,3	– 1,3
Cao Bang	98,3	92,1	98,9	0,6
Ha Tuyen	101,7	99,6	103,4	1,7
Lang Son	103,0	112,8	99,5	– 3,4
Lai Chau	101,8	115,9	102,5	0,7
Hoang Lien Son	102,7	107,5	103,4	0,6
Bac Thai	106,4	113,6	105,8	– 0,7
Son La	102,0	102,2	100,3	– 1,6
Vinh Phu	104,9	102,7	106,4	1,4
Ha Bac	104,7	97,5	103,4	– 1,4
Quang Ninh	106,8	123,2	102,6	– 4,3
Ha Son Binh	105,9	100,4	103,3	– 2,6
Hai Hung	105,0	108,8	103,7	– 1,3
Thai Binh	105,5	118,4	103,2	– 2,4
Ha Nam Ninh	105,7	110,8	106,4	0,7
Thanh Hoa	104,6	117,4	105,0	0,4
Nghe Tinh	104,2	98,9	104,5	0,3
Quang Binh	104,0	106,5	100,1	– 3,8
Quang Tri	104,5	100,9	108,8	4,2
Thua Thica	104,9	112,5	105,3	0,3
Quang Nam - Da Nang	107,7	97,3	105,6	– 2,0
Quang Ngai	109,4	91,4	107,2	– 2,2
Binh Dinh	106,3	110,1	108,6	2,3
Phu Yen	110,7	103,0	107,9	– 2,7
Khanh Hoa	109,3	108,4	104,8	– 4,5
Thuan Hai	107,3	108,8	109,0	1,7
Gia Lai - Kon Tum	102,1	116,5	101,1	– 1,0
Dac Lac	104,9	93,8	103,8	– 1,1
Lam Dong	104,1	105,9	102,8	– 1,3
Song Be	105,9	117,0	104,9	– 1,0
Tay Ninh	109,5	108,8	107,1	– 2,4
Dong Nai	108,6	109,3	106,8	– 1,8
Long An	113,0	111,5	109,0	– 4,0
Dong Thap	114,3	104,9	108,8	– 5,5
An Giang	113,3	125,1	108,1	– 5,2
Tien Giang	113,2	97,0	108,7	– 4,5
Ben Tre	113,9	109,5	105,2	– 8,7
Cuu Long	111,4	110,6	106,1	– 5,3
Hau Giang	112,7	115,9	109,6	– 3,1
Kien Giang	109,0	128,7	106,8	– 2,2
Minh Hai	111,9	107,8	105,8	– 6,2
Vung Tau	104,9	116,6	109,5	4,6
Total pays – zones urbaines	107,0	111,5	106,6	– 0,4
Total pays – zones rurales	106,9	106,9	104,9	– 2,0
Total pays	106,9	107,7	105,2	– 1,7

Sources : Recensement de 1989 et recensement de la population et du logement de 1999. Échantillon au 1/20 et données exhaustives.

nord. Sept provinces du sud du pays avaient des rapports masculinité supérieurs à 110. Dans les deux provinces où se trouvent les deux plus grandes villes du pays, Hanoï et Hô Chi Minh-Ville, les taux atteignaient respectivement 105 et 107. La province de Thai Binh, où sera imposée, par la contrainte, la politique limitant le nombre des enfants à deux pendant les années 1990 (Goodkind, 1995b; Pham et al., 1999; San et al., 1999; Scornet, 2000), avait en 1989 un rapport de masculinité à la naissance égal à 105. Dans l'ensemble, les rapports de masculinité ne sont pas spécialement élevés; néanmoins, les provinces du sud affichent toutes un rapport compris entre 110 et 115.

Pour 1999, les résultats varient selon les données utilisées pour calculer les rapports de masculinité chez les bébés de moins d'un an. En prenant les données de l'échantillon au 1/20 (colonne 2), on obtient un rapport de masculinité national de 107,7 pour 1999, les valeurs fluctuant d'une province à l'autre. Dans les provinces de Hanoï et Hô Chi Minh, les rapports s'élèvent à 110,5 et 112,4 respectivement, contre 118,4 dans celle de Thai Binh. Dans l'ensemble, dix-huit provinces ont un rapport supérieur à 110, le plus élevé atteignant 128,7, à Kien Giang. Les résultats établis à partir des données exhaustives ont été publiés fin 2001, après ceux de l'échantillon en 2000. Ces données ont été corrigées après une enquête de contrôle qui a fait apparaître un sous-dénombrement des enfants (Le et al., 2001). Cependant, ces corrections pourraient aussi avoir été faites pour des raisons politiques (voir les commentaires de la section suivante).

Les rapports calculés à partir des données exhaustives du recensement (colonne 3) sont inférieurs, à l'âge 0, à ceux obtenus à partir de l'échantillon au 1/20, avec un ratio national de 105,2. Dans aucune province le rapport ne dépasse 110. Dans vingt-sept provinces, il a été revu à la baisse après correction tandis qu'il a été augmenté dans les dix-sept autres. Dans tous les cas sauf un, la hausse porte sur des provinces ayant des rapports de masculinité inférieurs à 105 d'après les résultats de l'échantillon. En outre, les rapports de masculinité à l'âge 0 du recensement de 1999 sont inférieurs à ceux de 1989 dans trente et une des quarante-quatre provinces. D'après ces données, les rapports de masculinité de 1999 sont normaux dans la grande majorité des provinces. Dans neuf d'entre elles, ils se situent entre 108 et 110. Il s'agit de provinces du centre et du sud du pays.

Au vu des estimations établies à partir des recensements de 1989 et 1999, la question de savoir si les rapports de masculinité chez les enfants en bas âge progressent au Vietnam reste ouverte. Si l'on compare les indicateurs estimés à partir des données exhaustives, on constate une baisse de 1989 à 1999, ce qui est assez improbable compte tenu des relations, observées ailleurs, entre baisse de la fécondité et préférence pour les garçons. Parmi les questions relatives à la fécondité posées aux femmes en âge de procréer, le recensement de 1999 n'a porté que sur le nombre total de naissances et le sexe du dernier-né (et pas celui de chacun des enfants déjà nés). Comme on le voit dans le tableau 2, le rapport de masculinité des derniers-nés augmente avec l'âge de la mère, passant de 107 lorsque la mère a entre 20 et 24 ans à 110 pour les mères de 35 à 39 ans. Ces chiffres semblent cohérents puisque les femmes plus âgées ont plus de chances d'avoir des enfants de rang élevé et désirent davantage avoir un garçon. Quoi qu'il en soit, l'augmentation reste modeste et n'apparaît pas chez les femmes de 40 à 44 ans. Enfin, le rapport de 139 pour les femmes de 45 à 49 ans est probablement calculé sur un nombre limité de naissances (le document du recensement ne fournit pas ces effectifs; voir Office général de statistique, 2000, p. 186).

TABLEAU 2.— RAPPORTS DE MASCULINITÉ POUR LE DERNIER-NÉ SUIVANT L'ÂGE DE LA MÈRE

15-19 ans	98
20-24 ans	107
25-29 ans	108
30-34 ans	111
35-39 ans	110
40-44 ans	106
45-49 ans	139
Total	107

Source : Recensement de la population et du logement de 1999. Échantillon au 1/20, p. 186.

2. Données hospitalières sur les naissances à Hanoï et Hô Chi Minh-Ville

Le tableau 3 reproduit les données relatives aux naissances survenues à l'hôpital de Hanoï pour l'année 2001. Le rapport de masculinité correspondant au nombre total de naissances est de 103,9. Les rapports de masculinité à la naissance augmentent fortement avec le rang de naissance. Aux rangs 3 et 4, qui ne sont pas détaillés dans le tableau, ils sont respectivement de 147 et 223. Si l'on combine les naissances de parité 3 ou plus, on obtient un rapport de masculinité de 156,4. Ces données montrent qu'aux parités élevées, les naissances de garçons sont plus nombreuses que prévu.

TABLE 3.— RAPPORTS DE MASCULINITÉ DES NAISSANCES VIVANTES, PAR PARITÉ (DONNÉES HOSPITALIÈRES DE HANOÏ ET HÔ CHI MINH-VILLE)

Parité	Hanoï	Hô Chi Minh-Ville		
	2001	1996	1999	2001
Toutes	103,9	109,5	109,0	107,5
Première	99,4	110,6	109,4	108,9
Deuxième	108,6	106,8	109,0	106,1
Troisième ou plus	156,4	110,7	105,9	104,0

Source : données non publiées de l'Hôpital obstétrique et gynécologique de Hanoï et de l'Hôpital obstétrique et gynécologique Tu Du de Hô Chi Minh-Ville.

Les rapports de masculinité pour l'ensemble des naissances survenues à l'hôpital de Hô Chi Minh-Ville sont en général supérieurs à 107 et ont baissé au niveau global de 109,5 à 107,5 entre 1996 et 2001, comme l'indique le tableau 3. Les rapports de masculinité par rang de naissance n'augmentent pas de la parité 1 à la parité 3 ; en revanche, ils sont généralement supérieurs à 107 pour le premier et le second enfant. Le rapport le plus élevé est celui des naissances de rang 3 ou plus qui atteignait 110,7 en 1996. Dans l'ensemble, ces données n'indiquent pas que les rapports de masculinité aient augmenté au cours des trois années sur lesquelles a porté l'observation, ni globalement ni par rang de naissance. Les rapports plus élevés constatés pour les premières et les secondes naissances pourraient vouloir dire que les couples qui ne veulent que peu d'enfants, mais au moins un fils, mettent peut-être en œuvre des stratégies de sélection de leurs enfants en fonction du sexe dès le début de la constitution de la famille. Une constatation similaire a été faite par Park et Cho (1995) pour les petites familles urbaines de Corée du Sud.

Les données hospitalières fournissent aussi des renseignements sur l'activité professionnelle de la mère. Ce genre d'information est très utile parce que certaines personnes sont moins tenues que d'autres de se conformer à la politique interdisant d'avoir plus de deux enfants. De précédents travaux de recherche ont montré que les cadres et les fonctionnaires sont davantage exposés à des sanctions pour non-respect de cette politique et devraient par conséquent être beaucoup plus incités que d'autres à limiter leur famille à deux enfants, tout en ayant au moins un fils (Bélanger, 2001 ; Bélanger, 2002b ; Goodkind, 1995b). De ce fait, ils auront davantage tendance à sélectionner leurs enfants en fonction du sexe. Le tableau 4 indique les taux de masculinité à la naissance suivant la profession de la mère, dans les hôpitaux étudiés. À Hanoï, toutes naissances confondues, les taux sont les plus élevés chez les cadres et les ouvrières – tout en restant dans la fourchette attendue. Par rang de naissance, l'incidence de l'activité de la mère se fait sentir à la seconde naissance chez les cadres (121,8)[4]. Pour les enfants de rang 3 ou plus, nés à Hanoï en 2001, les rapports de masculinité sont les plus élevés chez les agricultrices (158,5). Cependant, l'analyse des résultats pour la parité 3 ou plus suivant la profession ne portant que sur un nombre réduit de naissances à Hanoï, la prudence doit être de mise pour leur interprétation.

À Hô Chi Minh-Ville, comme le montre le tableau 4, les données selon l'activité professionnelle de la mère ne font apparaître aucune tendance pour aucune des trois années sur lesquelles porte l'observation. En 2001, les rapports de masculinité pour les enfants des agricultrices et des cadres étaient supérieurs à 107 (111 et 109,9). S'agissant des différences de comportement des mères selon leur profession à la naissance, aucun lien précis ne peut être identifié. En revanche, les données pour

---

[4] Les indicateurs ne sont pas fournis pour toutes les professions ; voir le tableau 5 pour les cadres et les agricultrices.

Hô Chi Minh-Ville ventilées par activité professionnelle et rang de naissance indiquent effectivement qu'au troisième rang, les enfants des agricultrices et des cadres ont un rapport de masculinité élevé à la naissance, comme on peut le voir dans le tableau 5. Cet élément n'était pas visible dans le tableau 3 qui prenait toutes les naissances en considération. Le tableau 5 semble indiquer que l'activité professionnelle a également une incidence à Hô Chi Minh-Ville et, compte tenu du grand nombre de naissances enregistrées dans cette ville, les analyses en fonction de l'activité et du rang de naissance sont plus fiables que celles réalisées à Hanoï.

TABLEAU 4. – RAPPORTS DE MASCULINITÉ DES NAISSANCES VIVANTES, SUIVANT L'ACTIVITÉ PROFESSIONNELLE DE LA MÈRE DONNÉES HOSPITALIÈRES DE HANOÏ ET HÔ CHI MINH-VILLE

Profession	Hanoï	Hô Chi Minh-Ville		
	2001	1996	1999	2001
Indépendante	100,6	109,3	108,5	106,7
Agricultrice	105,3	105,0	120,4	111,0
Cadre	107,3	110,4	106,9	109,9
Ouvrière	107,0	113,6	111,2	102,4
Autre	70,6	106,5	108,7	119,4
Total	103,9	109,4	108,9	107,5

Source : données non publiées de l'Hôpital obstétrique et gynécologique de Hanoï et de l'Hôpital obstétrique et gynécologique Tu Du de Hô Chi Minh-Ville.

TABLEAU 5. – RAPPORTS DE MASCULINITÉ À LA NAISSANCE SUIVANT LA PROFESSION DE LA MÈRE (CADRE ET AGRICULTRICE UNIQUEMENT) ET LA PARITÉ DONNÉES HOSPITALIÈRES DE HANOÏ ET HÔ CHI MINH-VILLE

Profession	Hanoï	Hô Chi Minh-Ville		
	2001	1996	1999	2001
Agricultrice				
Première naissance	108,5	112,2	111,0	100,8
Deuxième naissance	91,5	93,8	127,2	116,8
Troisième naissance ou plus	158,5	102,2	135,8	126,9
Cadre				
Première naissance	100,9	108,9	104,4	111,2
Deuxième naissance	121,8	109,3	113,2	104,9
Troisième naissance ou plus	*	148,1	107,7	125,4

* Moins de 100 naissances.
Source : données non publiées de l'Hôpital obstétrique et gynécologique de Hanoï et de l'Hôpital obstétrique et gynécologique Tu Du de Hô Chi Minh-Ville.

Dans l'ensemble, les données relatives aux naissances à l'hôpital indiquent qu'à Hanoï, les rapports de masculinité à la naissance augmentent avec le rang de naissance, alors qu'aucune tendance particulière n'apparaît pour Hô Chi Minh-Ville. Dans les deux villes, les enfants nés de mères cadres semblent avoir des rapports de masculinité à la naissance supérieurs à partir du rang 3. On constate aussi que le rapport de masculinité est plus élevé par rang de naissance chez les agricultrices de Hanoï en 2001 et à Hô Chi Minh-Ville dans les deux dernières années pour lesquelles nous disposons de données (1999 et 2001).

3. L'enquête de 1997-1998 sur les niveaux de vie au Vietnam

Les données fournies par l'enquête sur les niveaux de vie au Vietnam confortent l'hypothèse suivant laquelle les familles vietnamiennes ayant plus de deux enfants sont prêtes à recourir à des stratégies pour influencer le sexe de l'enfant à venir. On a estimé le rapport de masculinité pour les naissances de rang 3 à partir d'informations sur toutes les naissances vivantes de 965 femmes qui avaient trois enfants au moment de l'enquête. Les résultats figurant au tableau 6 indiquent que les femmes qui ont d'abord eu deux filles ont une probabilité beaucoup plus forte d'avoir un garçon ensuite (rapport de masculinité de 169,4) que celles qui avaient eu un garçon et une fille (rapport de 98,4) ou deux garçons (rapport de 79,4). Soulignons le faible rapport de masculinité à la troisième naissance chez les femmes ayant deux fils, qui suggère le désir d'avoir une fille. Le souhait d'avoir à la fois un fils et une fille a d'ailleurs été identifié dans des analyses de la fécondité réalisées par Haughton et Haughton (1999) à partir des données de l'enquête sur les niveaux de vie au Vietnam de 1992-1993.

TABLEAU 6. – RAPPORTS DE MASCULINITÉ À LA TROISIÈME NAISSANCE SUIVANT LE SEXE DES ENFANTS PRÉCÉDEMMENT NÉS

Sexe des 2 premiers enfants	Garçon	Fille	Total	Rapport de masculinité
2 filles	144	85	229	169,4
1 fille et 1 garçon	244	248	492	98,4
2 garçons	108	136	244	79,4
Total	496	469	965	105,8

Source : enquête sur les niveaux de vie au Vietnam réalisée en 1997-1998.

Le tableau 7 compare les répartitions théoriques des différentes compositions familiales suivant le sexe (en prenant pour hypothèse que le rapport de masculinité à la naissance est indépendant des enfants nés préalablement) aux répartitions observées[5]. Les différences relevées entre les deux répartitions sont statistiquement significatives. Nous limitons l'analyse aux femmes ayant eu un, deux ou trois enfants nés vivants, étant donné la faible proportion de femmes concernées au-delà. D'une ma-

---

[5] Bien que ces données se rapportent aux naissances vivantes issues de femmes en âge de procréer, nous utilisons le terme « famille » afin de simplifier. Nous sommes conscients néanmoins que les naissances vivantes d'une femme puissent ne pas correspondre à la situation familiale de celle-ci au moment de l'enquête.

nière générale, les familles avec fils sont plus fréquentes qu'en théorie et les familles avec filles moins fréquentes que prévu. Dans les familles ayant trois enfants, les mères de deux filles et un fils sont plus fréquentes que ce que l'on attendrait (+ 4,1 points) et les familles avec trois filles moins répandues (− 2,8 points). Il est intéressant de noter que les familles ayant trois fils sont moins nombreuses que dans les prévisions (− 2,2 points). Les familles composées de deux filles sont celles pour lesquelles l'écart est le plus important entre les répartitions attendue et observée (− 5,3 points). Cela pourrait indiquer que les couples sur lesquels pèse davantage l'interdiction d'avoir plus de deux enfants sont plus enclins à tenter d'influencer le sexe de leur second enfant. Bien que les écarts entre les répartitions attendue et observée soient, dans l'ensemble, statistiquement significatifs, les différences restent faibles. Ces données ne prennent pas en compte le rang de naissance des enfants suivant le sexe, mais uniquement le nombre des naissances suivant le sexe.

TABLEAU 7. – RÉPARTITION THÉORIQUE ET OBSERVÉE DU SEXE DES ENFANTS NÉS D'UNE MÊME MÈRE

Répartition des sexes	Cas observés	Cas théoriques	Répartition observée (a)	Répartition théorique (b)	Différence (a) − (b)	χ^2	Valeur de p
Un enfant	688	688	1	1	0	6,19	< 0,02
1 garçon	385	352	0,560	0,512	0,047	3,02	
1 fille	303	336	0,440	0,488	− 0,048	3,17	
Deux enfants	1 198	1 198	1	1	0	18,24	< 0,001
2 garçons	346	314	0,289	0,262	0,027	3,21	
1 garçon et 1 fille	629	599	0,525	0,500	0,025	1,54	
2 filles	223	285	0,186	0,238	− 0,053	13,49	
Trois enfants	965	965	1	1	0	14,75	< 0,01
3 garçons	108	130	0,112	0,134	− 0,022	3,63	
2 garçons et 1 fille	380	370	0,394	0,384	0,010	0,25	
1 garçon et 2 filles	392	353	0,406	0,366	0,041	4,36	
3 filles	85	112	0,088	0,116	− 0,028	6,52	

Source : enquête sur les niveaux de vie au Vietnam réalisée en 1997-1998.

Dans le tableau 8, on utilise les informations relatives au sexe des enfants de femmes n'ayant eu que trois enfants pour comparer les fréquences théoriques et observées de la composition familiale (y compris le rang de naissance suivant le sexe). Ces résultats sont statistiquement significatifs ($p < 0,02$) et indiquent que le sexe du troisième enfant est affecté par le sexe des deux premiers. Comme on avait pu le constater dans le tableau précédent, les familles de trois enfants de même sexe, qu'il s'agisse de garçons ou de filles, sont moins fréquentes que prévu. Toutefois, les femmes qui ont d'abord eu deux filles sont plus susceptibles d'avoir ensuite un garçon que celles qui ont eu d'abord deux fils d'avoir une fille pour troisième enfant.

TABLEAU 8. – RÉPARTITION THÉORIQUE ET OBSERVÉE DU SEXE DES ENFANTS NÉS DE LA MÊME MÈRE, SUIVANT LA SÉQUENCE DES NAISSANCES

Répartition des sexes	Cas observés	Cas théoriques	Répartition observée (a)	Répartition théorique (b)	Différence (a) – (b)	χ^2	Valeur de p
Garçon, garçon, garçon	108	130	0,112	0,134	– 0,022	3,63	
Garçon, garçon, fille	136	124	0,141	0,128	0,013	1,26	
Garçon, fille, garçon	125	124	0,130	0,128	0,0015	0,02	
Fille, garçon, garçon	119	124	0,123	0,128	– 0,0047	0,17	
Garçon, fille, fille	127	118	0,132	0,122	0,0097	0,75	
Fille, garçon, fille	121	118	0,125	0,122	0,0035	0,10	
Fille, fille, garçon	144	118	0,149	0,122	0,0273	5,91	
Fille, fille, fille	85	112	0,088	0,116	– 0,0280	6,52	
Total	965	965	1,000	1,000	0,000	18,35	< 0,02

Source : enquête sur les niveaux de vie au Vietnam réalisée en 1997-1998.

IV. Discussion

Nos résultats ne démontrent pas de manière incontestable que le rapport national de masculinité à la naissance augmente au Vietnam. D'après les données du recensement, on peut conclure que la tension entre la préférence pour les garçons et le désir d'avoir une petite famille n'a pas entraîné de relèvement des rapports de masculinité à la naissance (à l'âge 0), comme c'est le cas en Chine (Lavely, 2001). Le fait que les rapports de masculinité de la population à l'âge 0 par province aient diminué entre 1989 et 1999 est toutefois déroutant compte tenu de la tendance observée dans les pays de la région qui est en général à l'opposé. En fait, l'écart entre les résultats tirés de l'échantillon au 1/20 et les données exhaustives (par province) du recensement de 1999 soulève d'importantes questions quant à la qualité des données et la nature des corrections qui leur sont apportées. Il se pourrait que ces corrections aient été influencées par des considérations d'ordre politique. La publication de rapports de masculinité dissymétriques pourrait avoir de lourdes conséquences politiques, tant à l'intérieur qu'à l'extérieur du pays. En janvier 2003 a été votée une ordonnance interdisant de déterminer le sexe du fœtus par quelque moyen que ce soit. Le texte prévoit des sanctions, amendes et poursuites pénales pour les contrevenants (article 38). Il se pourrait que, malgré leurs irrégularités, les résultats tirés de l'échantillon soient plus proches de la réalité que les estimations faites à partir des données exhaustives. Il a même été suggéré que c'étaient les résultats de l'échantillon qui avaient suscité l'intervention du législateur. Cependant, cette hypothèse relève de la spéculation et la question de savoir si les rapports de masculinité augmentent ou non au Vietnam reste ouverte. Une chose est sûre, c'est que la question des avortements sélectifs de fœtus féminins n'a guère éveillé l'attention au Vietnam et qu'elle reste plus ou moins taboue. La grande majorité des médecins, des chercheurs et des décideurs auxquels nous avons fait part de cette recherche nous ont répondu d'emblée que l'avortement avec sélection sexuelle n'est pas pratiqué au Vietnam, tout en reconnaissant unanimement l'existence d'une forte demande de moyens permettant de concevoir et donner naissance à des garçons.

Contrairement aux données nationales, celles des hôpitaux et des enquêtes font effectivement apparaître des rapports de masculinité à la naissance anormaux dans certains groupes de la population vietnamienne. Les données relatives aux naissances survenues à l'hôpital montrent que, dans le nord, ces rapports augmentent avec la parité, une tendance qui n'apparaît pas dans le sud. L'incidence de l'activité professionnelle des mères sur les rapports de masculinité à la naissance indique que ceux-ci ont tendance à être plus élevés pour les enfants des cadres et des agricultrices, en particulier aux parités élevées. Ces résultats sont cohérents avec ceux d'études sur la mise en œuvre du programme de planning familial qui montrent que les cadres subissent fortement la politique de restriction de la descendance à deux enfants.

Enfin, les données de l'enquête de 1997-1998 sur les niveaux de vie au Vietnam montrent que le rapport de masculinité à la naissance augmente avec la parité chez les femmes qui n'ont eu que des filles, et révèlent un fait intéressant : les familles ayant trois enfants du même sexe sont moins fréquentes que prévu. On aurait pu supposer qu'il soit désirable d'avoir trois fils ; or, d'après nos données ethnographiques (Bélanger, 2002b), les paysans du nord évitent d'avoir trois fils. Les parents craignent en effet que le fait de devoir partager leur terre entraîne son morcellement en trois lopins beaucoup trop exigus. C'est pourquoi la retenue est de mise (dans ce village) et la crainte d'avoir trop de fils retient les couples ayant déjà deux garçons d'essayer d'avoir une fille. De plus, ceux qui ont déjà deux fils interrompent plus volontiers une grossesse pour éviter les problèmes que leur occasionnerait une infraction à la politique de natalité.

Parmi les trois grands facteurs contribuant aux différences entre les rapports de masculinité en Asie, la sous-déclaration des bébés de sexe féminin est considérée comme un facteur important en Chine où, face à une politique démographique rigoureuse, les familles en viennent à dissimuler les naissances de filles ou à les proposer à l'adoption et ne pas déclarer leur naissance. Dans le cas du Vietnam, un sous-dénombrement systématique des enfants de sexe féminin semble peu probable en ce qui concerne les recensements et l'enquête sur les niveaux de vie réalisée en 1997-1998. Contrairement à ce qui se passe en Chine, la notion de naissance non autorisée est absente dans ce pays et la politique vietnamienne de limitation des naissances à un ou deux enfants ne s'accompagne pas de sanctions qui pèsent directement sur les enfants de rang trois et au-delà, via un accès réduit aux soins de santé et à l'éducation par exemple. S'il se peut que les ouvriers soient davantage pénalisés que les paysans pour une infraction à cette politique, tous reçoivent en général une amende qu'ils doivent acquitter en nature (*paddy*) ou en espèces. Toutefois, son montant varie et, dans certaines zones rurales, il arrive que l'amende ne soit réclamée que plusieurs années après la naissance de l'enfant. La nature de la politique de planning familial et la relative indulgence qui accompagne, dans certaines provinces, l'application de l'interdiction d'avoir plus de deux enfants ne devraient pas provoquer une sous-déclaration systématique des bébés de sexe féminin. Quoi qu'il en soit, il reste possible que certaines familles omettent de déclarer leurs filles pour donner l'impression qu'elles se conforment aux directives des pouvoirs publics. Pour s'en assurer, il faudrait effectuer des études complémentaires sur l'exactitude de la déclaration des enfants en fonction du sexe et enquêter sur d'autres types de comportement, comme l'abandon pour l'adoption des petites filles qui pourrait avoir une influence sur leur déclaration.

Le deuxième facteur pouvant expliquer des rapports de masculinité à la naissance supérieurs à la normale est une surmortalité des filles résultant de différences dans les soins et les traitements reçus dans la petite enfance. En Inde, par exemple, la discrimination dont sont victimes les filles en raison de la préférence pour les garçons se traduit par une surmortalité alors que, pour des raisons biologiques, ce sont les jeunes garçons qui devraient avoir une mortalité plus élevée que les filles (Das Gupta, 1999 ; Das Gupta et Bhat, 1997). Dans le cas du Vietnam, la plupart des recherches démographiques et de santé ont montré que, une fois nés, filles et garçons sont traités de la même manière (Bélanger, 2002a). L'état nutritionnel ne varie pas en fonction du sexe, et la fréquentation par les parents des services de santé n'est pas moindre pour les filles (Haughton et Haughton, 1997). Les mères allaitent leurs filles aussi longtemps que leurs fils (Comité national de la population et du planning familial, 1999 ; Swenson, 1993) et le sexe n'est pas un facteur explicatif des différences de la couverture vaccinale (Office général de statistique, 2000b). Globalement, l'appartenance ethnique et le statut socio-économique, plus que le sexe, sont à l'origine des différences observées dans la mortalité infantile. De nombreuses recherches ont également montré que la mortalité infantile est conforme à ce que l'on attend pour chaque sexe (Swenson, 1993 ; Banque mondiale, 2001). Nous avons estimé le taux de mortalité infantile d'après l'enquête sur les niveaux de vie au Vietnam réalisée en 1997-1998 (à partir de l'histoire génésique) en prenant en compte l'ensemble des décès déclarés de jeunes enfants : il s'élève respectivement à 47,9 pour mille pour les garçons et à 39,3 pour mille pour les filles.

Enfin, le dernier facteur susceptible d'expliquer les rapports de masculinité élevés à la naissance est la pratique consistant à déterminer le sexe du fœtus par échographie ou toute autre technique dans le but de recourir à des avortements sélectifs en fonction du sexe. L'avortement est légal au Vietnam depuis 1954 et, à la fin des années 1980, on a assisté à un développement des services pratiquant l'avortement ainsi qu'à une légalisation des cliniques privées spécialisées. Les statistiques du ministère de la Santé font état de taux d'avortement très élevés, avec une progression très rapide au début des années 1990 (Goodkind, 1994). Une source plus récente, reposant aussi sur les statistiques officielles, estimait le taux d'avortement total du Vietnam à 2,5 pour mille habitants en 1996, soit le plus élevé de tous les pays en développement (Henshaw, 1999). En 1996, on comptait 43,7 avortements pour cent grossesses connues (Henshaw, 1999). Malgré l'importance de ces chiffres, la plupart des avortements sont pratiqués dans les trois premiers mois de grossesse car on peut difficilement avorter plus tard au Vietnam. Les statistiques officielles sont même muettes à propos des avortements pratiqués dans le deuxième trimestre de la grossesse. De plus, les données indiquent que, dans les principaux hôpitaux, ces avortements tardifs sont en recul en raison de l'hésitation des praticiens à recourir à une technique qui n'est ni sans danger ni garantie. Cette technique, appelée méthode Kovac[6], est la seule actuellement approuvée par le ministère vietnamien de la Santé pour les avortements pratiqués entre le quatrième et le sixième mois. Une des deux plus grandes cliniques obstétriques de Hanoï qui pratiquait couramment des avortements entre le quatrième et le sixième mois ne le fait plus. De même, plusieurs hôpitaux qui pratiquaient l'avortement au-delà du premier trimestre de grossesse ont cessé de le faire. Dans une grande clinique obstétrique du sud du pays, beaucoup de femmes venant demander un avortement tardif sont encouragées à mener leur grossesse à terme et à proposer l'enfant à l'adoption. La clinique dispose même d'un hébergement pour celles qui souhaitent y séjourner jusqu'à l'accouchement[7]. Le nombre d'avortements qu'on y pratique dans le deuxième trimestre de la grossesse a diminué, passant de 970 en 1998 à 548 en 2001, soit de 2,8 % à 1,8 % de l'ensemble des avortements pratiqués. Les données relatives à un hôpital de la province de Quang Ninh indiquent des taux plus élevés d'avortements tardifs, mais aussi un recul plus marqué, de 12,6 % à 7,5 % du nombre total d'avortements[8].

---

[6] La méthode Kovac consiste en l'insertion extra-amniotique d'un cathéter recouvert d'un préservatif. Une solution saline est ensuite instillée par le cathéter jusque dans le préservatif qui devient ainsi une poche remplie de solution. Cette poche, combinée à une injection intraveineuse d'oxytocine, provoque dans la majorité des cas les contractions et un travail comparable à un accouchement. En moyenne, le délai séparant l'insertion du cathéter de l'avortement est d'une trentaine d'heures (Hôpital Phu San, 2000). Cette méthode comporte un risque élevé d'infection et d'autres complications (Organisation mondiale de la santé, 1999). Elle ne donne de bons résultats qu'à partir de 18 semaines de grossesse.
[7] Observations personnelles du second auteur de l'article.
[8] Ces données ont été communiquées par les hôpitaux au second auteur de l'article. Elles n'ont jamais été publiées.

L'échographie a fait son apparition au début des années 1990 et a commencé à être disponible dans les grands hôpitaux au milieu de la décennie. Tous les hôpitaux provinciaux et nationaux sont maintenant équipés d'appareils à ultrasons et certains, dans les plus grandes villes, ont des appareils en trois dimensions. Les lourds investissements consentis ces dernières années dans le secteur de la santé ont ainsi permis d'équiper les centres sanitaires de district d'un appareillage à ultrasons. Le nombre d'appareils installés n'est pas connu ; cependant, fin 2001, le département de diagnostic par imagerie médicale de l'École de médecine de Hanoï estimait que l'immense majorité des centres sanitaires de district disposaient d'au moins un de ces appareils. L'échographie est également pratiquée dans des cabinets privés des principales villes du pays.

Toutefois, bien que la détermination du sexe du fœtus par échographie soit plus précise pendant le second trimestre de la grossesse, étant donné la difficulté d'obtenir un avortement pendant cette période, le nombre de femmes ayant la possibilité de recourir à cette stratégie reste limité. Cela pourrait expliquer que les rapports de masculinité à la naissance restent normaux au Vietnam, en dépit de la faiblesse de la fécondité combinée avec une préférence pour les garçons, la disponibilité du diagnostic par échographie et l'accès à l'avortement ; une conjugaison d'éléments qui ont entraîné, ailleurs, un recours accru à l'avortement sélectif.

Une autre explication au fait que le rapport national de masculinité à la naissance n'ait apparemment pas augmenté entre les deux années de recensement serait une différence d'attitude des Vietnamiens et des Chinois face au désir d'avoir un fils. Il se peut que la majorité des Vietnamiens soient moins enclins à l'action lorsque la nature ne répond pas à leurs aspirations en matière de reproduction. Il est évidemment difficile de comparer l'intensité de la préférence pour les garçons entre deux pays, mais le fait que le rapport national de masculinité ne semble pas augmenter pourrait indiquer une préférence moins marquée au Vietnam qu'en Chine ou en Inde. Des recherches sur les rapports de genre, qui ont montré que les femmes ont un statut social plus élevé au Vietnam qu'en Chine, pourraient en fait donner à penser que, dans ce pays, les femmes et les couples sont plus réticents à faire disparaître des filles déjà conçues. En d'autres termes, si les résultats du recensement sont exacts, soit le Vietnam réagit avec retard, soit il répond différemment à la préférence pour les fils dans un contexte de faible fécondité. Cependant, les résultats obtenus à partir des données des hôpitaux et de l'enquête sur les niveaux de vie conduisent à s'interroger sur l'exactitude des données du recensement.

Conclusion

Les données fournies par les recensements de 1989 et 1999 au Vietnam n'indiquent pas de progression ou même de rapports de masculinité exceptionnels à l'âge 0. Toutefois, une analyse plus fine des données des hôpitaux et de l'enquête sur les niveaux de vie de 1997-1998 montre en fait que les rapports de masculinité à la naissance, selon la parité et le sexe des enfants précédents, sont plus élevés que prévu. L'analyse par activité professionnelle de la mère révèle que certaines catégories sociales – notamment les cadres de la fonction publique – semblent plus désireuses d'influencer le sexe de l'enfant à naître, que cela résulte de leur motivation ou d'une pression exercée plus fortement à leur égard. La préférence des Vietnamiens pour les garçons est confirmée par leur comportement en matière de fécondité et leur pratique contraceptive ainsi que par des études ethnographiques sur la valeur des enfants. Toutefois, cette préférence et la discrimination envers les filles ne semblent pas aussi vives au Vietnam qu'en Chine, en Inde ou en Corée du Sud.

Bien qu'actuellement les rapports de masculinité à la naissance obtenus à partir des données hospitalières laissent penser que certaines familles vietnamiennes pourraient recourir à l'avortement sélectif, rien ne permet de corroborer cette hypothèse à Hanoï. Il semble que le Vietnam, avec une politique non contraignante de limitation de la descendance à deux enfants, ait réussi à limiter la discrimination vis-à-vis des filles. Toutefois, le désir d'avoir une petite famille, auquel s'ajoute la disponibilité croissante de l'échographie et d'autres moyens permettant d'influencer le sexe des enfants, pourrait entraîner un désir plus prononcé d'avoir des garçons dans un avenir proche. La limitation de l'accès à l'avortement tardif pourrait contrecarrer la volonté de recourir à l'avortement sélectif afin d'obtenir la composition de la famille souhaitée. Mais cela pourrait également favoriser un essor des avortements tardifs proposés dans le privé pour autant que la demande existe. Enfin, il ne faut pas non plus écarter la possibilité de réactions différentes des Vietnamiens confrontés au dilemme de limiter leur descendance tout en affirmant leur préférence pour les garçons. Des recherches complémentaires restent à mener sur la préférence pour les garçons dans un contexte de faible fécondité et ses implications potentielles sur la répartition par sexe de la population, les inégalités entre les enfants et les déséquilibres de genre des systèmes familiaux et de parenté.

Remerciements. Cette recherche a été financée par le Conseil canadien de la recherche en sciences sociales et humaines. Les auteurs remercient le Dr T.R. Balakrishnan pour ses commentaires sur une version précédente de cet article.

RÉFÉRENCES

AGHIHOTRI S., 2002, « Setting daughters of urban India: locating the epi-centres of female deficit », communication présentée au Colloque sur les *Rapports de masculinité en Inde*, janvier 2002, New Delhi.

ALLMAN J., NHA V. Q., MINH N., SAN P. B., MAN V. D., 1991, « Fertility and family planning in Vietnam », *Studies in Family Planning*, 22, p. 308-317.

BANQUE MONDIALE, 2001, *Vietnam Growing Health: A Review of Vietnam's Health Sector*, Banque mondiale.

BÉLANGER D., 2001, « Son preference and demographic change in Vietnam », communication présentée à la *Conférence internationale de l'Union internationale pour l'étude scientifique de la population*, Salvador de Bahia, Brésil, août 2001.

BÉLANGER D., 2002a, « Childhood, gender and power in Vietnam », *in* H. Lansdowne, P. Dearden, W. Neilson (éd.), *Communities in Southeast Asia: Challenges and Responses*, Victoria, Center for Asia-Pacific Initiatives.

BÉLANGER D., 2002b, « Son preference in a rural village in North Vietnam », *Studies in Family Planning*, 33, p. 321-334.

COALE A., 1991, « Excess female mortality in the balance of sexes in the population: an estimated number of missing females », *Population and Development Review*, 17, p. 517-523.

COHEN A., 2002, « Excess female mortality in India: the case of Himachal Pradesh », *American Journal of Public Health*, 90, p. 1369-1371.

CROLL E., 2000, *Endangered Daughters. Discrimination and Development in Asia*, Londres, Routledge.

DAS GUPTA M., 1999, « Gender Bias in China, South Korea and India 1920-1990 », *Development and Change*, 30, p. 619-652.

DAS GUPTA M., BHAT M. P. N., 1997, « Fertility decline and increased manifestation of sex bias in India », *Population Studies*, 51, p. 307-315.

GENERAL STATISTICAL OFFICE, 1992, *Vietnam Population Census 1989. Completed Census Results*, Hanoï, Statistical Publishing House.

GENERAL STATISTICAL OFFICE, 2000a, *Population and Housing Census Vietnam 1999. Sample Results*, Hanoï, Nha Xuat Ban The Gioi.

GENERAL STATISTICAL OFFICE, 2000b, *Vietnam Living Standards Survey 1997-1998*, Hanoï, Statistical Publishing House.

GENERAL STATISTICAL OFFICE, 2001, *Population and Housing Census Vietnam 1999. Completed Census Results*, Hanoï, Statistical Publishing House.

GOODKIND D., 1994, « Abortion in Vietnam: measurements, puzzles, and concerns », *Studies in Family Planning*, 6, p. 342-352.

GOODKIND D., 1995a, « Rising gender inequality in Vietnam since reunification », *Pacific Affairs*, 68, p. 342-359.

GOODKIND D., 1995b, "Vietnam's one-or-two-child policy in action", *Population and Development Review*, 21, p. 85-111.

HAUGHTON D., HAUGHTON J., 1997, « Explaining child nutrition in Vietnam », *Economic Development and Change*, 45, p. 541-556.

HAUGHTON J., 1997, « Falling fertility in Vietnam », *Population Studies*, 51, p. 203-211.

HAUGHTON J., HAUGHTON D., 1995, « Son preference in Vietnam », *Studies in Family Planning*, 26, p. 325-338.

HAUGHTON J., HAUGHTON D., 1999, « Son preference », *in* J. Haughton *et al.* (éd.), *Health and Wealth in Vietnam*, Singapour, Institute of Southeast Asian Studies.

HENSHAW S., 1999, « Incidence of abortion worldwide », *International Family Planning Perspectives*, 25 (supplément), p. S30-S38.

HULL T. H., 1990, « Recent trends in sex ratios at birth in China », *Population and Development Review*, 16, p. 63-83.

JACOBSEN R., MOLLER H., MOURITSEN A., 1999, « Natural variation in the human sex ratio », *Human Reproduction*, 14, p. 3120-3125.

JOHANSSON A., 1996, « Family planning in Vietnam - women's experiences and dilemma: a community study from the Red River Delta », *J. Psychosom. Obstet. Gynecol.*, 17, p. 59-67.

JOHANSSON A., 1998, « Population policy, son preference and the use of IUDs in North Vietnam », *Reproductive Health Matters*, 6, p. 66-76.

KLASEN S., WINK C., 2002, « A turning point in gender bias in mortality? An update on the number of missing women », *Population and Development Review*, 28, p. 285-312.
LARSEN U., CHUNG W., DAS GUPTA M., 1998, « Fertility and son preference in Korea », *Population Studies*, 52, p. 317-325.
LAVELY W., 2001, « First impressions from the 2000 census of China », *Population and Development Review*, 27, p. 755-770.
LE V. D., HAUGHTON D., HAUGHTON J., DO A. K., LE D. K., 2001, « Fertility decline », *in* D. Haughton, J. Haughton (éd.), *Living Standards and Economic Boom. The Case of Vietnam*, Hanoï, Statistical Publishing House.
LI N., FELDMAN M. W., SHUZHUO L., 2000, « Cultural transmission in a demographic study of sex ratio at birth in China's future », *Population Biology*, 56, p. 161-172.
NATIONAL COMMITTEE FOR POPULATION AND FAMILY PLANNING, 1999, *Demographic and Health Survey 1997*, Hanoï, National Committe for Population and Family Planning.
ORGANISATION MONDIALE DE LA SANTÉ, 1999, *Évaluation stratégique et politique des services d'avortement au Vietnam*, OMS.
PARK C. B., CHO N.-H., 1995, « Consequences of son preference in a low-fertility society: imbalance of the sex ratio at birth in Korea », *Population and Development Review*, 21, p. 59-84.
PHAM B. S., ROSS J. A., NGUYEN L. P., NGUYEN D. V., 1999, « Measuring family planning program effort at the provincial level: a Vietnam application », *International Family Planning Perspectives*, 25, p. 4-9.
PHU SAN HOSPITAL, 2000, *Review of 105 Kovac's Cases in Phu San Hospital*, Hanoï.
POPULATION AND DEVELOPMENT REVIEW, 1989, « Vietnam's new fertility policy », *Population and Development Review*, 15, p. 169-172.
POSTON Jr D. L., GU B., LIU P. P., MCDANIEL T., 1997, « Son preference and the sex ratio at birth in China: a provincial level analysis », *Social Biology*, 44, p. 55-76.
RELE J. R., ALAM I., 1993, « Fertility transition in Asia: the statistical evidence », *in* R. Leete, I. Alam (éd.), *The Revolution in Asian Fertility. Dimensions, Causes, and Implications*, Oxford, Clarendon Press.
SAN P. B., ROSS J. A., NGUYEN L. P., NGUYEN D. V., 1999, « Measuring family planning program effort at the provincial level: a Vietnam application », *International Family Planning Perspectives*, 25, p. 4-9.
SCORNET C., 2000, « Un exemple de réduction de la fécondité sous contraintes : la région du delta du fleuve Rouge au Viêt-Nam », *Population*, 55(2), p. 265-300.
SEN A., 1990, « More than 100 million women are missing », *New York Review of Books*, p. 61-65.
SUDHA S., RAJAN S. I., 1999, « Female demographic disadvantage in India 1981-1991: sex selective abortions and female infanticide », *Development and Change*, 30, p. 585-618.
SWENSON I. E., 1993, « Factors influencing infant mortality in Vietnam », *Journal of Biosocial Science*, 25, p. 285-302.
UNISA S., SINH R., PRAKASAM C., 2002, « Sex selective abortions in India: evidences from two cultural settings », communication présentée au Colloque sur les *Rapports de masculinité en Inde*, janvier 2002, New Delhi.
ZENG Y., PING T., BAOCHANG G., YI X., BOHUA L., YONGPING L., 1993, « Causes and consequences of the recent increase in the reported sex ratio at birth in China », *Population and Development Review*, p. 283-302.

BÉLANGER Danièle, KHUAT Thi Hai Oanh, LIU Jianye, LE Thanh Thuy, PHAM Viet Thanh.– **Les rapports de masculinité à la naissance augmentent-ils au Vietnam ?**

Une faible fécondité et une préférence pour les garçons sont à l'origine des taux élevés de masculinité à la naissance constatés en Inde, en Corée du Sud et en Chine. Dans cet article, nous nous intéressons aux rapports de masculinité à la naissance calculés à partir des recensements effectués en 1989 et 1999 au Vietnam, des statistiques obtenues auprès d'hôpitaux à Hanoï et à Hô Chi Minh-Ville et de l'enquête sur les niveaux de vie au Vietnam réalisée en 1997-1998.

D'une manière générale, les données des recensements ne font apparaître aucune progression des rapports de masculinité à la naissance. En revanche, les données hospitalières de 2001 ventilées par rang de naissance indiquent une augmentation des rapports de masculinité à la naissance selon le rang de naissance, s'agissant des naissances survenues à l'hôpital de Hanoï, ce qui n'est pas le cas à Hô Chi Minh-Ville. Les données fournies par l'enquête de 1997-1998 sur les niveaux de vie au Vietnam indiquent que la proportion de garçons est généralement plus forte chez les enfants de rang de naissance élevé. L'article discute des facteurs susceptibles d'expliquer ces constatations.

BÉLANGER Danièle, KHUAT Thi Hai Oanh, LIU Jianye, LE Thanh Thuy, PHAM Viet Thanh.– **Are Sex Ratios at Birth Increasing in Vietnam?**

Research has identified that low fertility and son preference have led to high sex ratios at birth in India, South Korea and China. In this paper, we present sex ratios at birth from the 1989 and 1999 population censuses of Vietnam, from hospital data for Hanoi and Hô Chi Minh City, and from the 1997-98 Vietnam Living Standards Survey.

Overall, census data do not show any increase in the sex ratio at birth. Hospital data by birth order for the year 2001, however, suggest that sex ratios at birth increase by birth order among births recorded in the hospital located in Hanoi, but not in the one located in Hô Chi Minh City. Survey data from the Vietnam Living Standards Survey of 1997-98 indicate that high parity children are more likely to be sons. In the discussion, factors that could explain the findings are reviewed.

BÉLANGER Danièle, KHUAT Thi Hai Oanh, LIU Jianye, LE Thanh Thuy, PHAM Viet Thanh.– **¿Están aumentando los ratios de masculinidad en Vietnam?**

La investigación existente muestra que la baja fecundidad y la preferencia por hijos varones observada en la India, Corea del Sur y China han resultado en ratios de masculinidad elevados. En este artículo presentamos ratios de masculinidad basados en los censos de población llevados a cabo en Vietnam en 1989 y 1999, en datos de hospitales de Hanoi y de la ciudad de Hô Chi Minh y de la Encuesta de Calidad de Vida de Vietnam 1997-98.

Globalmente, los datos censales no muestran un aumento del ratio de masculinidad. Los datos hospitalarios por orden de nacimiento para 2001, sin embargo, sugieren que los ratios aumentan por orden de nacimiento entre los nacimientos registrados en el hospital de Hanoi, pero no en el hospital de la ciudad de Hô Chi Minh. Los datos de la Encuesta de Calidad de Vida de Vietnam 1997-98 indican que los hijos de paridad elevada tienen mayor probabilidad de ser varones. El artículo discute los posibles factores explicativos.

Danièle BÉLANGER, Department of Sociology and Population Studies Center, The University of Western Ontario, London, ON, Canada N6A 5C2, courriel: dbelang@uwo.ca

NOTE DE RECHERCHE

THANG M. N., —Évolution des revenus et du système de santé au
B. M. POPKIN   Vietnam : réduction de la pauvreté et augmentation des inégalités de prise en charge

Évolution des revenus et du système de santé au Vietnam : réduction de la pauvreté et augmentation des inégalités de prise en charge

THANG Minh Nguyen* et Barry M. POPKIN*

Au cours des quinze dernières années, le gouvernement du Vietnam, comme celui de la Chine, a engagé un processus de libéralisation de son économie inspiré du modèle de développement capitaliste. Il en résulte la coexistence entre un système politique qui continue à être dirigé par le Parti communiste, et une économie décentralisée qui repose plus sur l'économie de marché que sur un mode de financement ou de planification étatique. On dispose de nombreux documents sur la transformation de l'économie vietnamienne et celle de son système de santé (Office général de la statistique, 2000b ; Banque mondiale, 2000a ; Do, 1999a ; Banque mondiale, 1993). Une étude officielle consacrée aux inégalités dans l'éducation et la santé a été réalisée par les consultants de l'*Asian Development Bank* à partir des enquêtes sur le Niveau de vie au Vietnam (VLSS) menées en 1992-1993 et 1997-1998 (Bhushan *et al.*, 2001). Ces études ont cependant accordé peu d'attention à l'évolution des inégalités au cours de la transition économique vietnamienne. De plus, les précédents historiques susceptibles de nous aiguiller pour comprendre le type de changements auxquels on peut s'attendre sont peu nombreux (Do, 1999b).

De nombreux pays d'Europe de l'Est, y compris l'ex-Union soviétique, ont dû, sur une période relativement brève, dans le cadre de la restructuration (*perestroïka*), renoncer aux subventions de l'État et adopter – au moins en partie – un modèle de développement capitaliste. Les rares études systématiques réalisées dans ces pays ont montré une augmentation considérable des inégalités de revenus et de la pauvreté, associée à des dégradations importantes de la santé et du bien-être social (Lokshin et Popkin, 1999 ; Mroz et Popkin, 1995). La chute brutale de l'espérance de vie des hommes en Russie en constitue l'exemple le plus marquant. Les articles consacrés à l'état de la santé en Chine dressent un tableau moins clair. Ce pays a une croissance économique parmi les plus rapides au monde, avec un taux annuel de croissance du PIB par habitant qui s'est élevé à 8,5 % en volume de 1978 à 1997 (Fonds monétaire international, 1999). En moins d'une génération, le niveau de vie en Chine a fait des progrès considérables dont bénéficient les 1,26 milliard d'habitants. Au cours des années 1980, la croissance économique a entraîné une réduction significative de la pauvreté, la population située au-dessous du seuil de pauvreté étant passée de 20 % à 10 % (Banque mondiale, 2000b). Certaines provinces de l'ouest et du centre-sud connaissent cependant un dénuement important, à l'inverse des provinces de l'est où la pauvreté est moins répandue (Banque mondiale, 1997).

Cette note de recherche est consacrée aux conséquences – en termes d'inégalités – des changements engendrés par le *Doi Moi* et la transformation économique de la République socialiste du Vietnam ; elle se concentre particulièrement sur les soins de santé au cours de la période de cinq ans comprise entre les deux

---

* Carolina Population Center, université de Caroline du Nord, Chapel Hill, États-Unis d'Amérique.
Traduit par Catherine Perrel.

enquêtes sur le niveau de vie (VLSS 1993 et VLSS 1998). Le *Doi Moi* a entraîné des transformations non seulement dans le secteur économique, mais également dans ceux de la santé, de la culture et de l'éducation. Trois changements radicaux ayant eu des conséquences pour la population tout entière, et en particulier les pauvres, sont examinés ici : 1) la mise en place officielle d'une participation du secteur privé au financement des services pharmaceutiques et de santé en 1987 ; 2) l'introduction d'une participation financière directe des usagers des services de santé publique en 1989 ; et 3) la création d'une assurance santé obligatoire pour les travailleurs en 1991.

I. Données étudiées

Cette étude se fonde sur les données provenant des deux enquêtes sur le niveau de vie au Vietnam (*Vietnam Living Standard Surveys* VLSS) conduites dans le cadre des enquêtes d'estimation du niveau de vie (*Living Standard Measurement Surveys*) de la Banque mondiale. Elles ont été réalisées par l'Office général de la statistique et sont représentatives de la population nationale, à la fois urbaine et rurale (Office général de la statistique, 2000a).

L'enquête de 1992-1993 a porté sur 4 800 ménages vivant dans 240 villages en zone rurale et 60 quartiers urbains situés dans 150 communautés territoriales du pays. L'échantillon pour l'enquête de 1992-1993 était de 23 839 personnes (Office général de la statistique, 1994). L'enquête de 1997-1998 a concerné 6 002 ménages, dont 4 305 ayant déjà participé à l'enquête de 1992-1993 ; l'échantillon comprenait 28 509 personnes (Office général de la statistique, 2000a). Chacune de ces enquêtes est considérée dans notre analyse comme un échantillon transversal indépendant. Les deux enquêtes comportent des sections avec des questions diverses concernant le ménage et des informations au niveau communautaire. Bien que celle de 1997-1998 contienne plus de questions que celle de 1992-1993, elle est organisée de façon similaire. La section « ménage » comprend des questions sur la composition du ménage, les caractéristiques du logement, l'éducation, la santé, la fécondité, l'activité professionnelle dont le travail dans la pêche ou l'agriculture, les entreprises familiales, les revenus, l'endettement et les dépenses du ménage. La section « communauté » fournit de nombreuses informations sur les caractéristiques de l'environnement social, décrivant en détail le fonctionnement et l'utilisation des services sociaux (en particulier la santé et l'éducation), les assurances santé, ainsi qu'une information plus générale sur les services disponibles, les infrastructures physiques et économiques, les dépenses de santé de l'État, et une liste complète des coûts.

II. Définitions

Les termes *pauvre* et *non-pauvre, quintiles de dépenses, et pauvreté* sont fréquemment utilisés dans cet article. Ils répondent aux définitions suivantes :

Pauvre est utilisé pour désigner les ménages dont les dépenses totales se situent au-dessous du seuil de pauvreté générale.

Non-pauvre est utilisé pour désigner les ménages dont les dépenses totales se situent au-dessus du seuil de pauvreté générale.

Les quintiles de dépenses : pour chaque enquête, les quintiles de dépenses sont calculés à partir des données détaillées concernant les dépenses alimentaires et non alimentaires rassemblées pour chaque ménage. Le total des dépenses divisé par le nombre de membres de la famille permet d'établir les indicateurs par tête qui sont utilisés pour déterminer les quintiles de dépenses pour chaque enquête. Les quintiles de dépenses, représentant chacun 20 % des ménages, sont classés par ordre croissant de dépenses totales par tête ; le quintile 1 est le plus pauvre, et le 5, le plus riche. Dans cette étude, les quintiles de dépenses permettent de mettre en évidence l'évolution des variables dépendantes, des ménages les plus pauvres jusqu'aux plus riches.

Pauvreté alimentaire, pauvreté générale : le seuil de pauvreté alimentaire a été calculé sur la base du coût d'un apport minimum de 2 100 calories par personne et par jour. Au-dessous de ce seuil, les dépenses totales du foyer ne suffisent pas à couvrir ces besoins minimaux. Pour déterminer le seuil de pauvreté générale (dépenses couvrant les besoins alimentaires, mais ne permettant pas d'avoir un niveau de vie normal), on a pris en compte les achats non alimentaires. Le taux d'inflation générale a été utilisé pour calculer les seuils de pauvreté en 1997-1998, d'après l'augmentation des prix (22,5 %) intervenue sur la période de janvier 1993 à décembre 1998. Au Vietnam, le seuil de pauvreté alimentaire était d'environ 750 000 dôngs en 1993 et 1 287 000 dôngs en 1998. Le seuil de pauvreté générale a été fixé à 1 160 000 dôngs en 1993 et 1 790 000 en 1998[1].

III. Mesure des paramètres-clés

Nous utiliserons également les mesures suivantes qui sont les paramètres-clés tirés des deux enquêtes sur le niveau de vie au Vietnam :

Taux de mortalité infantile (TMI) : la mortalité infantile est un indicateur de santé particulièrement sensible. Les décès d'enfants sont relativement rares au Vietnam et les estimations de la mortalité infantile pour des populations peu nombreuses peuvent varier de façon importante et aléatoire. Vu le petit nombre d'observations, le taux a été estimé en combinant les données relatives à plusieurs années sur la base des déclarations rétrospectives des enquêtés concernant les naissances survenues. Dans cette étude, les taux de mortalité infantile ont été estimés pour les cinq années précédant chaque enquête. Étant donné le délai séparant les faits et leur signalement, en particulier pour les familles ayant beaucoup d'enfants, les données peuvent ne pas être totalement fiables. Malgré ces problèmes, la comparaison des deux enquêtes reste légitime, puisqu'elles présentent les mêmes distorsions.

Indice de masse corporelle (IMC) : cet indicateur mesure l'état nutritionnel des mères. Il est calculé de la façon suivante : IMC = poids (en kg)/taille élevée au carré (en m). Conformément aux recommandations internationales, nous définissons l'insuffisance pondérale par un IMC < 18,5 et le surpoids/l'obésité (catégories combinées) par un IMC > 25 (*International Obesity Task Force*, 1997).

Mesures de référence de l'état nutritionnel : nous utilisons les références mises récemment à jour du Centre national des statistiques sur la santé américain (*National Center for Health Statistics*, NCHS) pour le rapport poids/taille et la distinction entre sous-nutrition actuelle et malnutrition chronique (Kuczmarski *et al.*, 2000). Les résultats présentés ici sous la forme de Z-scores expriment la variable en termes d'écart type à la moyenne de la population en bonne santé. Les Z-scores ont été calculés à l'aide de la formule suivante :

$$Z = \frac{(X/M)^L - 1}{L \times S}$$

où X est la valeur observée pour un individu, M est la valeur de la moyenne de la population en bonne santé, L est un facteur de transformation calculé à partir des données brutes, et S est l'écart type pour la population en bonne santé.

Dépenses totales : nous calculons les dépenses totales de chaque ménage à partir d'une liste détaillée d'achats (achats concernant l'alimentation, les vêtements, la maison, les biens de consommation durable), et en prenant également en compte le coût des services et l'épargne.

---

[1] À l'époque de l'enquête de 1997-1998, le taux de change était de 1$ US = 12 000 dôngs vietnamiens.

IV. Résultats

1. Changements pour les ménages et les individus

Évolution économique

Le Vietnam a connu une croissance économique spectaculaire. Depuis les années 1990, le produit intérieur brut (PIB) a progressé en moyenne de 8 % à 9 % par an ; et même pendant les crises économiques régionales, il a continué à croître à un rythme de plus de 4 % par an. De nombreuses sources montrent que les taux de pauvreté ont chuté de façon significative, en particulier lors de ces dix dernières années. La population considérée comme pauvre est passée d'une proportion estimée à 75 % au milieu des années 1980 à 58 % en 1993, et à 37 % en 1998 (Dollar et Litvack, 1998). Ce déclin de la pauvreté est l'un des plus rapides jamais observés dans le monde. Malgré ces progrès, une part significative de la population demeure cependant pauvre.

La figure 1 représente la distribution des dépenses par tête des ménages au Vietnam. En moyenne, les ménages consomment plus en 1998 qu'en 1993, et beaucoup sont sortis de la pauvreté ; néanmoins, on observe une inégalité croissante dans la répartition des dépenses. En 1993, les dépenses par tête se concentraient autour de 1 500 000 dôngs par an. En 1998, la distribution était plus étalée, la plupart des dépenses des ménages se concentrant aux environs de 2 000 000 dôngs par an.

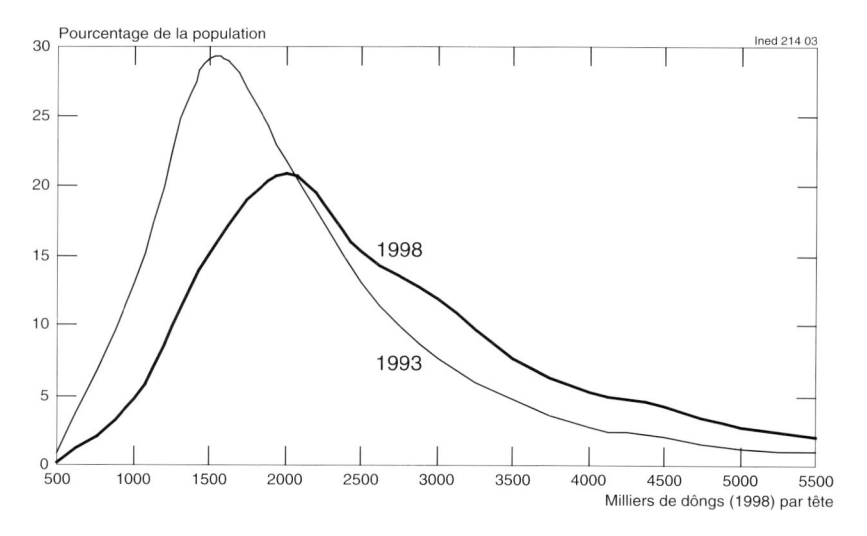

Figure 1.–Distribution des dépenses totales par tête des ménages, 1993 et 1998
Source : enquêtes Niveau de vie au Vietnam (VLSS) de 1992-1993 et 1997-1998.

Le tableau 1 présente la distribution des ménages selon le seuil de pauvreté en 1993 et 1998, et les passages du seuil entre ces deux dates. Malgré la hausse générale du niveau de vie, certains ménages non pauvres en 1993 sont tout de même passés en dessous du seuil de pauvreté en 1998 (Bhushan *et al.*, 2001). En 1993, plus de la moitié des ménages étaient pauvres. En 1998, un tiers des ménages vivaient au-dessous du seuil de pauvreté, et plus de 10 % des ménages non pauvres en 1993 étaient devenus pauvres.

TABLEAU 1. – PASSAGES DU SEUIL DE PAUVRETÉ ENTRE 1993 ET 1998

Populations	Au-dessus du seuil de pauvreté 1998	En dessous du seuil de pauvreté 1998	Total
Au-dessus du seuil de pauvreté 1993	39,2 %	4,7 %	43,9 %
En dessous du seuil de pauvreté 1993	27,4 %	28,7 %	56,1 %
Total	66,6 %	33,4 %	100,0 %

Source : enquêtes Niveau de vie au Vietnam (VLSS) de 1992-1993 et 1997-1998. Calculs réalisés à partir de l'échantillon commun de 4 305 ménages interrogés dans les deux enquêtes.

État de santé

Le système de santé au Vietnam n'est plus fondé sur le financement par l'État. Celui-ci gère le réseau de santé, mais le financement des services de santé est insuffisant. L'état de santé de la plupart des Vietnamiens s'est considérablement amélioré ces dernières années, sauf pour les pauvres (Pham et al., 2000). L'une des conséquences du fossé entre riches et pauvres est bien une absence d'équité en termes d'état de santé et face aux différents services. Les données des enquêtes du ministère de la Santé publique, réalisées en 1995, 1996, 1997 et 1998, montrent que le fossé entre les ménages selon leurs revenus s'est agrandi. Malgré la croissance économique, les conditions de vie des Vietnamiens habitant les régions montagneuses reculées, relativement pauvres, ne se sont pas améliorées autant qu'on l'attendait. Les populations déshéritées sont plus fréquemment malades et ont de plus grands besoins en matière de soins; cependant elles ont également moins souvent recours aux services de santé et ne sont pas en mesure d'assumer les frais à la charge des patients. En 1996, 34 millions de personnes pauvres au Vietnam ne pouvaient payer ni une assurance santé ni des frais d'hôpital. Le recours aux services hospitaliers par les habitants des régions montagneuses (3,4 % de la population par an) est bien plus faible que dans la région du delta (25,9 % de la population par an) (Do, 1999b ; ministère de la Santé, 1998). Bien que de nombreuses conséquences sur la santé résultent de cette situation et présentent de l'intérêt, nous analyserons ici les trois indicateurs majeurs de l'état de santé de la population que sont la mortalité infantile, la malnutrition et l'état nutritionnel des mères.

La mortalité infantile est un indicateur de santé particulièrement sensible puisque les enfants sont extrêmement vulnérables aux mauvaises conditions sanitaires, à la malnutrition et à l'absence de soins parentaux. Les mesures concrètes prises pour réduire la mortalité infantile devraient, à la longue, entraîner des progrès dans l'alimentation, l'éducation et la santé des enfants (Rosenzweig et Wolpin, 1982). Notre analyse de la population pauvre montre que le taux de mortalité infantile était de 34,4 pour mille naissances durant les cinq années précédant l'étude de 1992-1993 et de 33,6 pour mille durant les cinq années précédant l'étude de 1997-1998. Durant cette période, le taux pour la population non pauvre est respectivement passé de 39,4 à 24,5 pour mille. Donc, même si la réduction de la mortalité infantile a bien été réelle, elle a été beaucoup plus importante pour les non-pauvres (14,9 points) que pour les pauvres (0,8 points). Étant donné la sensibilité des taux de mortalité infantile aux conditions de vie et de santé, on peut généraliser cette tendance à l'ensemble de la population, les pauvres étant les plus vulnérables et subissant la mortalité la plus élevée.

Malnutrition : le Vietnam a longtemps connu des problèmes alimentaires. L'amélioration de l'état nutritionnel reste très en retard par rapport aux autres indicateurs de santé, malgré les grands progrès économiques. Dans une précédente analyse (Nguyen M. Thang et Popkin, 2002), nous avons montré que les inégalités concernant trois facteurs de risque-clés expliquent en grande partie la malnutrition : habitat en milieu rural, revenus bas, et appartenance à une minorité ethnique. De même, selon l'enquête de 1997-1998, trois facteurs interviennent pour expliquer les retards de croissance chez l'enfant[2] : habitat en milieu rural, pauvreté du ménage et appartenance à une minorité ethnique. La proportion d'enfants ayant un retard de croissance, considérés selon chacun de ces critères, dépasse respectivement de 17,6 %, 10,9 % et 14,1 % celle que l'on trouve parmi les habitants des villes, les ménages non pauvres, et la majorité Kinh de la population. Malgré les taux élevés de malnutrition, la taille des enfants vietnamiens a augmenté pour tous les groupes de

TABLEAU 2. – NIVEAU ET ÉVOLUTION DE LA MALNUTRITION DES ENFANTS ET DES FEMMES, PAR QUINTILE DE DÉPENSES

Quintile de dépenses	Enfants âgés de 2-11 ans souffrant de retard de croissance taille/âge < − 2 Z-score (%)	Enfants âgés de 2-11 ans souffrant d'insuffisance pondérale poids/âge < − 2 Z-score (%)	Femmes âgées de 19-49 ans souffrant d'insuffisance pondérale déterminée par l'indice de masse corporelle (%)	Femmes âgées de 19-49 ans souffrant de surcharge pondérale déterminée par l'indice de masse corporelle (%)
	(1)	(2)	(3)	(4)
1992–1993				
Quintile 1[a]	72,5	73,1	34,7	1,1
Quintile 2	66,4	70,2	36,6	1,1
Quintile 3	60,9	66,9	38,3	1,6
Quintile 4	54,9	63,4	32,7	2,6
Quintile 5[b]	40,0	49,7	28,0	6,5
1997–1998				
Quintile 1	60,5	68,6	39,9	0,8
Quintile 2	52,1	63,4	35,2	2,0
Quintile 3	47,4	61,5	34,4	2,7
Quintile 4	40,4	55,6	31,6	5,0
Quintile 5	24,2	36,6	20,8	11,7
Évolution exprimée en points				
Quintile 1	− 12,0	− 4,5	5,2	− 0,3
Quintile 2	− 14,3	− 6,8	− 1,4	0,9
Quintile 3	− 13,5	− 5,4	− 3,8	1,2
Quintile 4	− 14,5	− 7,8	− 1,1	2,4
Quintile 5	− 15,8	−13,1	− 7,1	5,2
Évolution relative (en %)				
Quintile 1	− 16,6	− 6,1	14,9	− 24,9
Quintile 2	− 21,5	− 9,7	− 3,7	85,6
Quintile 3	− 22,2	− 8,1	− 10,0	74,8
Quintile 4	− 26,4	− 12,3	− 3,5	94,4
Quintile 5	− 39,5	− 26,3	− 25,5	79,1

[a] Les plus pauvres.
[b] Les plus riches.
Source : enquêtes Niveau de vie au Vietnam (VLSS) de 1992-1993 et 1997-1998.

---

[2] Un enfant est considéré comme ayant un retard de croissance s'il est en deçà de deux écarts-types de la taille moyenne pour l'âge considéré.

revenus entre 1993 et 1998. L'amélioration générale de l'alimentation s'inscrit dans le prolongement des tendances précédentes ; on trouve de plus en plus rarement des enfants ayant des problèmes de taille, et le niveau de l'apport nutritionnel a, en général, progressé. La proportion d'enfants souffrant de retard de croissance, ou d'un grave retard de croissance[3] a aussi diminué de façon significative, en particulier dans les foyers les plus riches ; sur la période, les pauvres ont moins d'enfants présentant un retard de croissance, mais les proportions observées restent beaucoup plus importantes que chez les non-pauvres. Le tableau 2 (colonnes 1 et 2) et la figure 2 illustrent la diminution de la proportion d'enfants âgés de 2 à 11 ans ayant un retard de croissance ou une insuffisance pondérale entre 1993 et 1998 par quintile de dépenses. Durant cette période, la proportion des enfants ayant un retard de croissance a diminué de 12 points parmi les familles les plus pauvres et de 15,8 points parmi les familles les plus aisées.

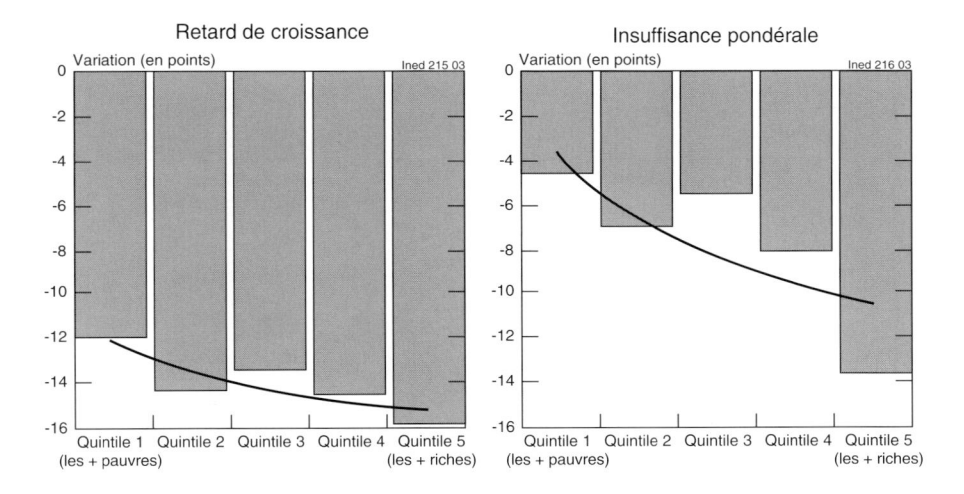

Figure 2.–Évolution de la proportion des enfants âgés de 2 à 11 ans souffrant de retard de croissance ou d'insuffisance pondérale, classés par quintile de dépenses, 1993-1998
Source : enquêtes Niveau de vie au Vietnam (VLSS) de 1992-1993 et 1997-1998.

Cette tendance apparaît encore plus clairement si l'on examine les changements relatifs, avec une baisse de la proportion d'enfants ayant un retard de croissance entre 1993 et 1998 allant de 16,6 % pour les plus pauvres à 39,5 % pour les familles les plus aisées, soit une différence de 22,9 points.

Le constat est très similaire en ce qui concerne l'insuffisance pondérale, avec une baisse de la proportion des enfants de poids insuffisant entre 1993 et 1998 allant de 6,1 % pour les familles les plus pauvres à 26,3 % pour les plus riches, soit une différence de 20,2 points.

État nutritionnel des mères : l'indice de masse corporelle (IMC) constitue un autre indicateur important de l'état nutritionnel des adultes et de leur capacité à travailler. Le tableau 2 (colonnes 3 et 4) et la figure 3 représentent l'évolution des pro-

---

[3] Un enfant est considéré comme atteint d'un *grave* retard de croissance s'il est en deçà de trois écarts types de la taille moyenne pour l'âge considéré.

portions de femmes âgées de 19 à 49 ans souffrant d'insuffisance et de surcharge pondérales par quintile de dépenses pour les deux enquêtes (VLSS). En ce qui concerne l'insuffisance pondérale déterminée par l'IMC, les écarts se sont accrus entre les femmes de 1993 à 1998. Les femmes du quintile le plus pauvre ont connu une aggravation de leur état nutritionnel imputable à plusieurs facteurs :

— en 1992-1993, la proportion de femmes souffrant d'insuffisance pondérale était pratiquement la même dans les trois premiers quintiles de dépenses. En 1997-1998, l'insuffisance pondérale est devenue plus fréquente chez les plus pauvres alors qu'elle a reculé pour les autres, la baisse étant la plus importante parmi les femmes du cinquième quintile.

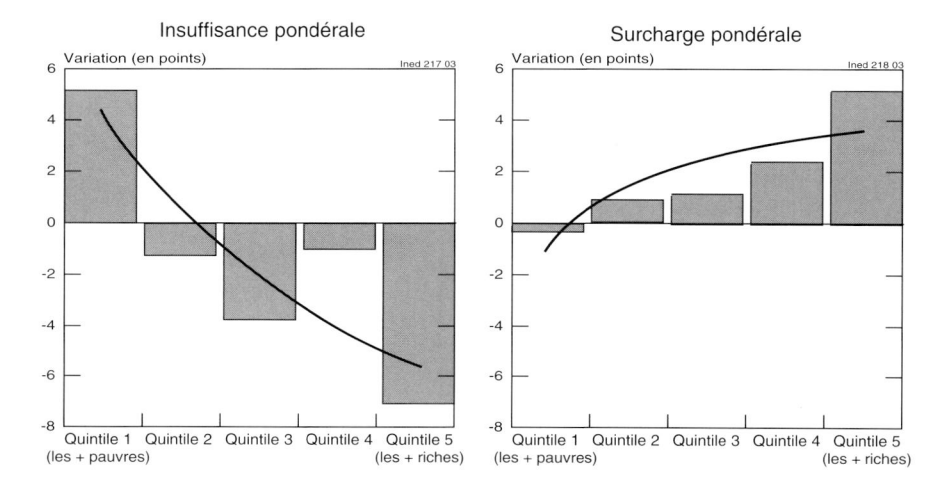

Figure 3.–Évolution de la proportion de femmes âgées de 19-49 ans souffrant d'insuffisance et de surcharge pondérales, classées par quintile de dépenses, 1993 -1998

Source : enquêtes Niveau de vie au Vietnam (VLSS) de 1992-1993 et 1997-1998.

— à l'inverse, la surcharge pondérale des femmes vietnamiennes âgées de 19 à 49 ans a augmenté, et les plus grands changements se sont produits dans les quintiles de dépenses les plus élevés. Pour le cinquième quintile, le plus riche, de l'enquête de 1992-1993, 6,5 % des femmes en âge de procréer avaient un surpoids ; en 1997-1998, la proportion était passée à 11,7 %, tandis qu'il n'y avait pratiquement aucun changement pour le groupe le plus pauvre.

2. Évolution des services de santé au niveau local

Accessibilité des services de santé

La qualité des services de santé a une importance fondamentale, à la fois pour attirer les patients vers ces services et pour favoriser leur rétablissement. Dans les années 1980 et au début des années 1990, la qualité des services a baissé, en particulier dans les centres de santé primaire, à cause du manque de fonds publics et de personnel soignant (Gellet, 1995). Jusque dans les années 1990, la qualité des services dont bénéficiait la population urbaine s'est améliorée, car le financement par l'État s'est accru. La concurrence avec les prestataires privés entraînait simultanément une diversification efficace, mise à la disposition de ceux qui n'étaient pas en mesure de payer pour la qualité. La partie « communauté » de l'enquête de 1997-1998 comprenait des questions détaillées sur la qualité et les services fournis par les centres de santé primaire : l'absence d'équipements et de médicaments dans ces centres a été mentionnée explicitement. Ces réponses ont été appariées aux données individuelles. Le tableau 3 retrace les problèmes rapportés par les dirigeants des communautés, concernant la qualité des équipements de santé locaux.

TABLEAU 3.– PROBLÈMES CONCERNANT LES PRESTATAIRES DE SANTÉ LOCAUX, DÉCLARÉS DANS LES ENQUÊTES, SELON LE QUINTILE DE DÉPENSES (EN %)

Quintile de dépenses	1992-1993			1997-1998		
	Manque d'équipements	Manque de médicaments	Manque d'hygiène	Manque d'équipements	Manque de médicaments	Manque d'hygiène
Quintile 1[a]	67,6	37,7	34,3	85,3	60,6	13,3
Quintile 2	69,4	32,0	35,9	84,3	47,9	18,4
Quintile 3	72,4	28,9	37,9	84,3	44,8	17,1
Quintile 4	74,7	28,8	40,1	81,6	44,8	14,2
Quintile 5[b]	75,9	24,6	40,1	73,5	38,6	15,6
Total	71,7	30,8	37,5	82,1	47,3	15,7

[a] Les plus pauvres.
[b] Les plus riches.
Note : les variables propres à chaque localité ont été affectées aux individus lors du calcul des proportions pour chaque quintile.
Source : enquêtes Niveau de vie au Vietnam (VLSS) de 1992-1993 et 1997-1998.

Le secteur privé joue un rôle important dans la prestation des services de santé au Vietnam. Bien que les prestataires privés interviennent dans tout le pays, le secteur privé se concentre dans les régions où la pauvreté est peu répandue, comme on peut s'y attendre. Les réformes économiques lancées avec le *Doi Moi* ont entraîné une augmentation du niveau de vie pour une grande partie de la population. Le secteur de la santé a été libéralisé et son financement est devenu de plus en plus dépendant du marché, plutôt que des subventions de l'État. En même temps, les prestataires publics à tous les niveaux ont été autorisés à demander une participation financière directe des patients. Les médicaments et les soins sont devenus plus chers pour tous (Pham Ngoc Hung et Le Ngoc Trong, 1999 ; Nguyen Van Tuong *et al.*, 1999).

Le tableau 4 récapitule la proportion des dépenses non alimentaires qui seraient absorbées par les soins de santé pour que les ménages appartenant aux différents quintiles de dépenses bénéficient d'une même qualité de soins. Le coût des soins de santé – considéré comme une part des dépenses non alimentaires par tête – a diminué pour tous les quintiles, et il semble que les soins sont devenus accessibles pour les ménages du premier et du second quintiles. Pour les pauvres, cependant, les soins demeurent très coûteux. Même une simple visite dans un centre de santé primaire ou un dispensaire est relativement coûteuse en pourcentage des dépenses (Nguyen Van Tuong *et al.*, 1999 ; Bhushan *et al.*, 2001), et une consultation à l'hôpital peut représenter une dépense insurmontable.

L'assurance santé

L'assurance santé est obligatoire pour les travailleurs des entreprises de dix employés ou plus, et elle est facultative pour les autres depuis 1991. En 1998, 76,8 % de la population concernée par la couverture obligatoire (employés du secteur public) était immatriculée contre 5,3 % de la population dont la couverture n'est pas obligatoire (travailleurs indépendants, paysans et étudiants), ces derniers étant

Tableau 4. – Proportion des dépenses non alimentaires qui seraient nécessaires pour obtenir la même qualité de soins de santé, par quintile de dépenses

Service	Proportion des dépenses (en %)											
	1992-1993 Quintile						1997-1998 Quintile					
	1[a]	2	3	4	5[b]	Total	1[a]	2	3	4	5[b]	Total
Hôpital	73,0	43,7	29,7	18,8	7,0	17,8	44,4	26,7	19,0	12,3	4,7	12,3
Centres de santé primaire	21,2	12,7	8,6	5,5	2,1	5,2	4,7	2,8	2,0	1,3	0,5	1,3
Dispensaires régionaux	27,7	16,6	11,3	7,1	2,7	6,8	7,9	4,7	3,4	2,2	0,8	2,2
Cliniques privées	40,8	24,4	16,6	10,5	3,9	10,0	8,5	5,1	3,6	2,3	0,9	2,3

[a] Les plus pauvres.
[b] Les plus riches.
Source : enquêtes Niveau de vie au Vietnam (VLSS) de 1992-1993 et 1997-1998.

majoritaires. Au total, 14 % de la population était couverte par le programme d'assurance santé. La figure 4 présente la proportion de bénéficiaires de l'assurance santé par quintile de dépenses dans l'enquête de 1997-1998. Les ménages les plus aisés ont tendance à adhérer au programme d'assurance santé, y compris les étudiants. Cette inégale couverture contribue sans doute à la disparité croissante du recours à l'hôpital entre pauvres et non-pauvres.

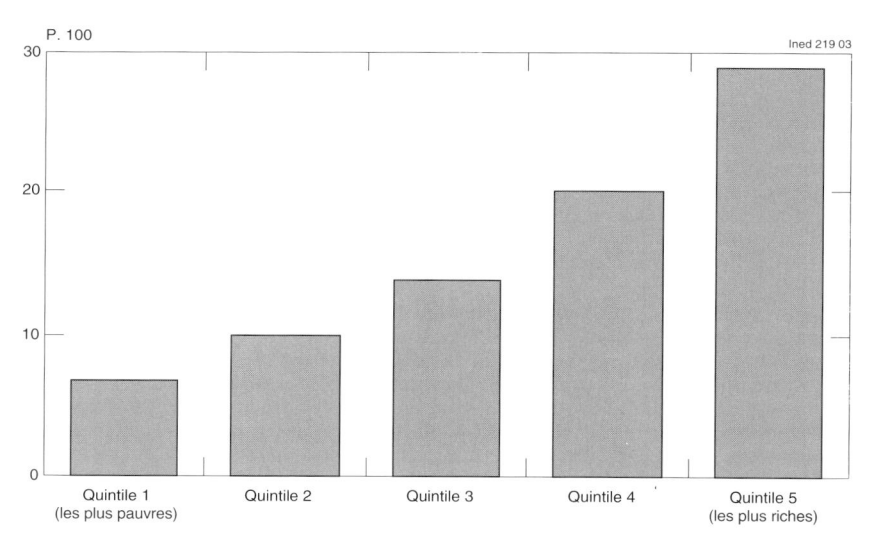

Figure 4. – Proportion de la population couverte par une assurance santé, par quintile de dépenses, en 1997-1998
Source : enquête Niveau de vie au Vietnam (VLSS) de 1997-1998.

Dépenses de santé de l'État

En 1991, les dépenses de l'État en matière de santé étaient très faibles. Au cours de la décennie, elles ont augmenté rapidement à un taux de 12-14 % par an en volume. Étant donné le point de départ particulièrement bas, leur montant global reste cependant relativement peu important. Les dépenses générales de l'État à cette période sont passées de 1 % à 2 % du PIB. Bien que le système de santé reste largement un bien public (hôpitaux, personnel, équipements, médicaments de base), 84 % du financement de la santé (paiement des soins) était assuré par des fonds privés en 1993. Les estimations montrent qu'en 1998, 80,5 % des dépenses totales de santé étaient financées par les ménages – et 14 % par les budgets de l'État aux niveaux provincial et national. Les 5,5 % restants provenaient des budgets communaux, des assurances santé et des donateurs étrangers. Pour les prestataires du secteur public, la proportion de la contribution directe des patients par rapport aux dépenses totales a chuté (Banque mondiale, 2000a). Cependant, il est possible que ce soit la conséquence de dépenses privées de plus en plus importantes dans le secteur privé, en particulier pour l'achat de produits pharmaceutiques. La figure 5 analyse les dépenses de l'État pour les soins de santé, grâce à une courbe de Lorenz (modifiée). Elle montre le pourcentage des dépenses de santé de l'État (y compris des communes) revenant à chaque quintile, et donc le pourcentage des subventions publiques globales qui atteignent les 20 % les plus pauvres, les 40 % les plus pauvres, etc. Dans une société où la distribution des moyens financiers est parfaitement équitable, la courbe de Lorenz forme une diagonale parfaite. Quand les ménages les plus pauvres bénéficient proportionnellement plus des financements que les ménages plus riches, la courbe de Lorenz se situe au-dessus de la partie gauche de la diagonale. Et quand ce sont les riches qui en profitent plus, la courbe de Lorenz passe dessous et à droite de la diagonale. Plus la courbe est éloignée de la diagonale et moins le financement est distribué équitablement.

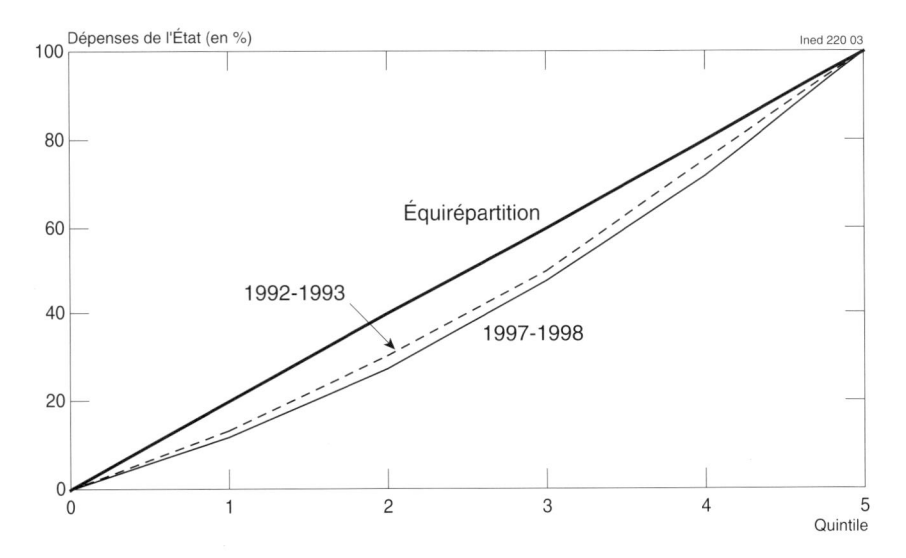

Figure 5.–Courbe de Lorenz de la répartition des financements de l'État pour les soins de santé, par quintile

Source : enquêtes Niveau de vie au Vietnam (VLSS) de 1992-1993 et 1997-1998.

Dans la figure 5, les courbes correspondant aux deux enquêtes (VLSS) s'écartent en dessous et à droite de la diagonale « de l'équité », ce qui est le signe d'une part proportionnellement plus élevée pour les ménages les plus riches. En 1992-1993, les dépenses de l'État en matière de santé ont davantage profité aux quintiles les plus riches ; en 1997-1998, cette tendance a légèrement augmenté, et les financements ont été encore moins équitables. Les pauvres fréquentent plus les centres de santé primaire que le reste de la population ; les non-pauvres fréquentent plus les hôpitaux. Alors que la distribution des consultations dans les centres de santé primaire a été relativement stable dans les années 1990, l'hospitalisation (mesurée en journées d'hospitalisation par patient) est devenue de moins en moins équitable (Nguyen Van Tuong *et al.*, 1999).

Conclusion

Au cours de la dernière décennie, le niveau de vie de la population du Vietnam a beaucoup progressé. Le taux de pauvreté a diminué ; les familles pauvres comme non pauvres ont des niveaux de vie plus élevés et des dépenses en augmentation. Entre 1993 et 1998, les indicateurs sanitaires étaient plus élevés qu'au début des années 1980.

Cette étude a mis en évidence une corrélation forte entre pauvreté et santé, qui confirme les résultats de plusieurs études réalisées précédemment au Vietnam et dans de nombreux autres pays du monde (Lokshin et Popkin, 1999). L'égalité devant les soins signifie que les pauvres ne doivent pas bénéficier de soins par pitié ou par faveur, mais qu'il s'agit d'un droit. Cela implique également que les médecins soignent de la même façon l'ensemble de la population, et que leur éthique les engage à assumer pleinement leurs responsabilités. Sans intervention de l'État, au Vietnam, les pauvres resteront pauvres et bénéficieront peu de la croissance économique, en particulier pour se faire soigner. Pour compenser les inégalités toujours croissantes dans le secteur de la santé, de nouvelles politiques sont nécessaires.

Les financements de l'État, au moins dans certains sous-secteurs, diminuent de plus en plus et profitent de façon disproportionnée aux non-pauvres. Étant donné les ressources limitées de l'État vietnamien, des contributions significatives des ménages sont essentielles pour assurer le financement des services de santé à tous les niveaux de revenus. Avec de telles contraintes, les politiques de l'État doivent être ciblées afin que les pauvres bénéficient plus des investissements et des subventions en matière de soins.

Cette étude prouve qu'il existe un lien entre pauvreté et mauvais état de santé. Sans une aide adaptée, les pauvres risquent de ne pas parvenir à échapper au cercle vicieux de la pauvreté. Quand l'accès aux soins diminue, en général, l'état de santé se dégrade et cela entraîne une capacité réduite à travailler ; les pauvres deviennent donc plus pauvres et ont encore moins accès aux soins. Ces résultats doivent attirer l'attention suffisamment tôt : les bénéfices du *Doi Moi* ne sont pas distribués équitablement, et les groupes les plus favorisés en récoltent davantage, alors que les autres paient plus cher. La stratégie de réduction de la pauvreté au Vietnam devra donc être centrée sur l'amélioration de la santé et de la qualité des services de santé pour les pauvres.

RÉFÉRENCES

Banque mondiale, 1993, *Vietnam: Transition to the Market*, Washington D.C., Banque mondiale.
Banque mondiale, 1997, *World Development Report: The State in a Changing World*, Washington D.C., Banque mondiale.
Banque mondiale, 2000a, *A Review of Vietnam's Health Sector*, Hanoï, Banque mondiale.
Banque mondiale, 2000b, A World Bank Country Study. China: strategies for reducing poverty in the 1990s, Washington D.C., *World Development Report*.
Bhushan I., Bloom E., Nguyen Minh Thang, Nguyen Hai Huu, 2001, *Human Capital for the Poor in Vietnam*, Manille, Asian Development Bank.
Do Nguyen Phuong, 1999a, *Health Care of Vietnam in Doi Moi Process*, Hanoï, Health Publishing House.
Do Nguyen Phuong, 1999b, « Questions sur l'équité et l'efficacité dans le domaine de la santé au Vietnam », intervention lors de la conférence sur *Les politiques en faveur de l'équité et de l'efficacité dans le domaine de la santé au Vietnam*, Ha Long, 7-10 avril 1999.
Dollar D., Litvack J., 1998, « Macroeconomic reform and poverty reduction in Vietnam », D. Dollar, P. Glewwe, J. Litvack (éd.), *Household Welfare and Vietnam's Transition*, Washington D.C., Banque mondiale.
Fonds monétaire international, 1999, International Financial Statistics, *Washington D.C., International Monetary Fund, Statistics Department*, [publication en ligne : http://ssdc.ucsd.edu/ssdc/ifs00001.html] (consultation : mars 2002).
Gellert G., 1995, « The influence of market economics on primary health care in Vietnam », *Journal of the American Medical Association*, 273(19), p. 1498-1502.
General Statistical Office, 1994, *Vietnam Living Standards Survey*, 1992-1993, Hanoï.
General Statistical Office, 2000a, *Vietnam Living Standards Survey*, 1997-1998, Hanoï.
General Statistical Office, 2000b, *Socioeconomic Development in Vietnam in the Decade of 1990s*, Hanoï.
International Obesity Task Force, 1997, Managing the Global Epidemic of Obesity, *Report of a WHO Consultation on Obesity*, Genève,q 5-7 juin 1997.
Kuczmarski R.J., Ogden C.L., Grummer-Strawn L.M. *et al.*, 2000, CDC Growth Charts: United States, *Advance Data*, n° 314, [publication en ligne : http://www.cdc.gov/growthcharts] (consultation : décembre 2000).
Lokshin M., Popkin B.M., 1999, « The emerging underclass in the Russian Federation: Income dynamics 1992-96 », *Economic Development and Cultural Change*, 47, p. 803-829.
Ministère de la Santé, 1998, *Health Care Year Book 1997*, Hanoï.
Mroz T., Popkin B.M., 1995, « Poverty and the economic transition in the Russian Federation *», Economic Development and Cultural Change*, 44, p. 1–31.
Nguyen Minh Thang, Popkin B., 2002, *Inequality In Child Malnutrition in Vietnam: An Analysis for Vulnerable Groups* (non publié), Chapel Hill, N.C., Carolina Population Center.
Nguyen Van Tuong, Le Van Khang, Dao Ngoc Phong, Truong Viet Dung, Nguyen Ngoc Hung, 1999, « Changes of Health Care System after 10 years of Doi Moi », conférence sur *Les politiques en faveur de l'équité et de l'efficacité dans le domaine de la santé au Vietnam*, Ha Long, 7-10 avril 1999.
Pham Huy Dung, Pham Huy Tuan Kiet, 2000, *Analysis and Prediction of the Health System in Vietnam for Formulating Health Strategy and Policy*, Hanoï, ministère de la Santé.
Pham Ngoc Hung, Le Ngoc Trong, 1999, *Health Care of Vietnam during Doi Moi*, Hanoï.
Rosenzweig M., Wolpin K., 1982, « Governmental interventions and household behavior in a developing country: anticipating the unanticipated consequences of social programs », *Journal of Development Economics*, 10, p. 209–225.

Thang Minh Nguyen, Carolina Population Center, université de Caroline du Nord, Chapel Hill, États-Unis d'Amérique, courriel : nmthang@email.unc.edu

BIBLIOGRAPHIE CRITIQUE

Rubrique coordonnée par Jacques VÉRON
avec le concours de Dominique DIGUET
du service de la Documentation et de la Bibliothèque

I. ANALYSES

ADAMETS Sergueï, *Guerre civile et famine en Russie : le pouvoir bolchevique et la population face à la catastrophe démographique 1917-1923*, Paris, Institut d'études slaves, 2003, 376 p.

L'auteur étudie dans le détail la famine de 1920-1922 en Russie ; c'est la première tentative cohérente et exhaustive de reconstitution des données statistiques disponibles visant à prendre en compte l'ensemble des mécanismes qui ont conduit à cette crise de mortalité. En analysant l'histoire statistique de la population russe du XIXe siècle et du début du XXe siècle, Sergueï Adamets montre qu'il n'y a pas de rupture fondamentale avec les mécanismes qui existaient dans la Russie tsariste mais qu'ils ont été exacerbés par les mesures autoritaires et le volontarisme du nouveau régime politique. « Famine, épidémies et une grande mobilité de la population » sont à l'origine de la surmortalité constatée dans une société et une économie profondément désorganisées par la participation de la Russie à la première guerre mondiale, la révolution bolchevique et la guerre civile qui l'a suivie. En historien des populations et en démographe, l'auteur mobilise des sources statistiques nombreuses et d'une grande richesse : recensements, état civil, registres paroissiaux, enquêtes épidémiologiques et sur la nutrition, etc. Elles avaient toutefois la particularité d'être imparfaites (« les données étaient parfois contradictoires et fluctuantes ») ; les rendre cohérentes et les appliquer à l'ensemble du territoire de la Russie a été un exercice d'une grande difficulté mais nécessaire à la compréhension de l'objet d'étude. Le traitement cartographique de ces sources a permis de suivre les processus de diffusion de la famine et des épidémies.

Pour atteindre ses objectifs, l'auteur ne se contente pas d'utiliser les instruments classiques de la démographie, comme l'analyse des pyramides des âges aux différents recensements et la correction des tables de mortalité, en recalculant les risques de décès aux différents groupes d'âges ; il élabore des scénarios de reconstitution de la mortalité en s'appuyant sur des simulations des modèles qui se dégageaient des crises antérieures de mortalité. Face à cette crise, il analyse non seulement les politiques gouvernementales et leurs effets, mais aussi les stratégies de survie des populations dans leurs différentes manifestations : criminelles, semi-légales ou légales.

Si le travail est d'une grande rigueur et aborde des aspects souvent inattendus de cette période de l'histoire soviétique, peut-on vraiment convenir avec l'auteur que l'administration des conséquences des famines et les épidémies explique l'échec du processus de dissolution de l'empire russe ?

Kamel KATEB

BEAUD Jean-Pierre, PRÉVOST Jean-Guy (sous la dir. de), *L'ère du chiffre. Systèmes statistiques et traditions nationales/The Age of Numbers. Statistical Systems and National Traditions*, Sainte-Foy, Presses de l'Université du Québec, 2000, 500 p.

Les dix-neuf chapitres de cet ouvrage résultent d'une conférence qui s'est tenue en 1999 à l'Université du Québec à Montréal. Le premier chapitre, dû aux responsables scientifiques de cette publication, J.-P. Beaud et J.-G. Prévost, constitue une introduction générale, bilingue, présentant l'objectif et le plan du volume. Fondamentalement, le facteur national ne peut être ignoré, même dans le cas de pratiques apparemment aussi neutres que celles du travail statistique. Les barrières entre les disciplines, les sous-disciplines, les traditions théoriques et même les objets de recherche demeurent solides et redoublent l'effet des frontières nationales. En espérant réduire le nombre et la taille de ces « boîtes noires », le présent ouvrage confronte les préoccupations de sociologues, d'historiens des sciences, d'économistes, de politologues, de philosophes, de statisticiens, d'universitaires et de praticiens, provenant de différentes aires géographiques.

I. Hacking, poursuivant une réflexion de longue date sur la construction sociale de la statistique, étudie la façon dont celle-ci interagit avec les gens, les modèle et les transforme, compte tenu de l'« effet de boucle » par lequel elle est à son tour modifiée. Par l'exemple qu'il choisit, le concept de *poverty line* – seuil de pauvreté –, l'auteur démontre la nécessité de tenir compte des caractéristiques nationales et culturels dans l'analyse des pratiques statistiques – de véritables différences de styles, dans sa terminologie –, malgré l'universalisme attribué au langage qui les décrit, et en dépit des efforts répétés d'unification des statisticiens dans les congrès internationaux. Hacking conclut qu'il n'est pas évident que le seuil de pauvreté influence le comportement des pauvres ou l'image qu'ils ont d'eux-mêmes.

A. Desrosières, en écho à Hacking, développe la notion de style de raisonnement statistique : dans quelle mesure les diverses formes d'histoire de la statistique participent-elles au genre littéraire ainsi analysé, celui des « constructions sociales », et ont-elles des usages sociaux comparables ? Quels enseignements peut-on tirer des débats récents sur l'histoire des sciences pour l'histoire des statistiques nationales ? Après avoir retracé les heurs et malheurs, aux XIXe et XXe siècles, de ces histoires nationales, l'auteur souligne le rôle récent du Groupe de Bielefeld – la « révolution probabiliste » –, novateur par la multiplicité des approches venant de disciplines très différentes.

À cette introduction méthodologique en trois chapitres succède une deuxième partie traitant des institutions, ouverte par Beaud et Prévost. Ils montrent la spécificité et l'importance de « l'expérience statistique canadienne », non un simple décalque des avancées britanniques puis américaines, mais bien plutôt une approche originale, d'abord par son exceptionnelle réussite – avec ses valeurs de professionnalisme, de technicité, de neutralité et de reconnaissance des idiosyncrasies du développement canadien – puis par son organisation centralisée, même si Statistique Canada n'a pas le monopole des recherches. L'institution statistique fédérale demeure pour l'essentiel conforme au modèle conçu par son fondateur, Robert Hamilton Coats, auquel D. A. Worton consacre le chapitre suivant, retraçant sa carrière et l'importance de son action. Sans formation institutionnelle en statistique, respecté par les politiciens et par ses pairs, Coats contribua à la formation d'une communauté statistique internationale et combattit avec opiniâtreté pour que soient reconnues l'intégrité et l'impartialité de Statistique Canada.

M. Anderson décrit ensuite le développement du système statistique fédéral aux États-Unis durant le XIXe siècle et la relation symbiotique qui s'établit entre ce développement et celui de la société politique et civile américaine, les origines du mode élaboré et sophistiqué de décentralisation du système américain étant fortement liées à l'édification de l'État fédérateur par le biais des statistiques démographiques : la réponse au problème de l'autorité de l'État était fondée sur la souveraineté d'une population qu'il fallait dénombrer.

Nous transportant dans un « cadre politique étranger au cadre européen », A. Blum détaille l'histoire de la statistique soviétique entre 1918 et 1939. Les conflits très violents qui agitent la Direction centrale permettent de mieux comprendre la contradiction qui en régit l'activité : à la fois écarter les membres peu favorables au régime, et conserver un personnel qualifié confondu avec les élites peu favorables à ce régime. Ce conflit des logiques, sans issue, disparaîtra de lui-même en 1936 avec les purges tandis que le recensement de 1937 illustre l'échec du politique à fonder une statistique qui réponde à sa demande.

Évoquant une période peu connue de l'histoire de la statistique française, B. Touchelay montre comment l'Insee, à sa fondation, hérite du savoir pratique et théorique mais aussi des conceptions idéologiques diverses et contradictoires des statisticiens formés à la Statistique générale de la France et au Service national de statistique. Puis M.-A. Gagnon, traitant de l'internationalisme statistique de 1885 à 1914, et de l'importance de l'Institut international de statistique et des autres réseaux internationaux, remplace l'image consacrée des deux vagues d'internationalisation par celle d'une vague de fond continue qui peut être perçue comme un véritable changement structurel, la lourdeur des congrès n'offrant plus l'encadrement nécessaire. La Commission de statistique de l'Onu, cet organisme international par excellence, est étudiée par D. A. Holly. Mal connue, elle intervient dans l'établissement et la compilation de statistiques relatives à différentes situations d'intérêt international. Plutôt que d'en dresser un bilan critique, l'auteur fait la lumière sur ses activités pour prendre la mesure de l'importance du travail que la Commission a accompli.

Enfin, B. Godin et S. Ratel se penchent sur la construction des statistiques en science et en technologie, s'intéressant à une catégorie spécifique, les chercheurs, et aux connaissances et innovations qu'ils produisent. Les auteurs en montrent la spécificité : organisée en un système à acteurs multiples et caractérisée par une division du travail assez claire, cette statistique ne reflète pas le débat classique opposant centralisation à décentralisation.

La troisième partie de l'ouvrage, consacrée aux savoirs et aux pratiques statistiques, s'ouvre avec une étude de B. Curtis sur la Commission Buller pour l'éducation – 1838-1842 – et l'enquête détaillée que celle-ci conduisit. Utilisant six questionnaires imposants, accompagnés d'une lettre d'instruction, cette investigation apparaît clairement comme une tentative de construction sociale d'une connaissance du système éducatif canadien.

L. Schweber se demande pourquoi la France, patrie de Laplace, Cournot et Bienaymé, rejeta, au XIXe siècle, l'extension des mathématiques à l'analyse quantitative de la vie sociale. L'auteur donne pour cause de ce rejet les liens très institutionnels existant entre les mathématiques, l'économie politique, la statistique administrative et la statistique sociale, liens qui ont exercé une forte contrainte sur la circulation des concepts, des techniques et des idées. Cette analyse, consacrée à la statistique démographique, souligne la nécessité d'utiliser l'analyse des logiques institutionnelles pour définir des styles de raisonnement statistique.

S. T. Wargon ramène le lecteur à la statistique canadienne, montrant l'importante contribution de cette dernière dans les domaines de la démographie historique et de la démographie des groupes linguistiques. À travers l'histoire spécifiquement canadienne, c'est aussi celle de l'interdépendance entre démographie et statistique qui est esquissée.

Les trois derniers chapitres de cette partie traitent des applications de la statistique à l'économie. C. Deblock pose la question de la transformation de l'économie en science positive à partir de la possibilité de prévoir le déroulement des cycles, ainsi que de la notion de baromètre économique. L'auteur en retrace les antécédents puis analyse en particulier le cycle de référence de Mitchell. G. Dostaler et H. Jobin poursuivent cette réflexion par le biais d'une étude des réticences importantes que manifesta Keynes à l'égard de l'économétrie. Cette position, n'excluant pas une défense de l'usage raisonné des données fournies par la statistique, provenait chez Keynes d'une conception particulière de la probabilité, elle-même induite par des présupposés philosophiques et éthiques. Pour Keynes, l'économie est une science morale ayant pour objet les effets des décisions humaines prises dans un contexte d'incertitude ; l'intuition y est première et les statistiques n'y peuvent démontrer la justesse des théories. Enfin, M. Armatte et A. Desrosières présentent les arrière-plans historiques de ce débat, à partir d'une enquête conduite par M. Fréchet dans les années 1940 visant à dégager les possibilités et les limites de l'application des mathématiques, et en particulier du calcul des probabilités, à l'étude de phénomènes économiques et sociaux. Les auteurs soutiennent que l'on y retrouve une réflexion récurrente sur le rôle social de l'histoire en général, écartelée entre le récit de fondation, l'accumulation scientiste de « faits » et les outils pour une activité réflexive visant à réexaminer le présent, en prenant appui sur une mise en perspective historique.

Les deux derniers chapitres de l'ouvrage, plus généraux, lui servent de conclusion. Le propos de T. Hentsch ramène la statistique à un « dire » dont il convient toujours d'interroger les présupposés, et T. Porter, dans la ligne de ses travaux antérieurs, montre que l'historien construit une histoire différente des diverses sciences sociales lorsque, plutôt que de s'attacher au simple développement des idées et des théories, il tient compte des méthodes empiriques, des outils de gestion et des applications de ces sciences dans l'administration des êtres et des choses.

Le double objectif des promoteurs de cet ouvrage – mettre au point une synthèse de l'histoire et des spécificités, à la fois nationales et transnationales, des institutions et des pratiques statistiques – est largement atteint. Certaines contributions bénéficient en outre de passionnantes annexes documentaires et toutes d'une bibliographie indicative, parfois très étendue, qui permettra au lecteur de poursuivre telle ou telle investigation. Une très pertinente contribution à l'histoire des sciences.

Jean-Marc ROHRBASSER

FESHBACH M., *Russia Health and Demographic Crises : Policy Implications and Consequences*, The Chemical and Biological Arms Control Institute, Washington D.C., 2003, 112 p.

Voici un opuscule qui attirera l'attention. L'auteur a longtemps travaillé pour le gouvernement américain et il dispose d'un réseau de relations unique dans la sphère d'influence russe. C'est lui qui, le premier, avait montré la recrudescence de la mortalité soviétique au milieu des années 1960 et qui avait publié un atlas du pillage et de la mortalité écologique vers 1990, à l'échelle de l'URSS entière.

Cette fois, c'est sous les auspices de l'Institut de lutte contre les armes biologiques et chimiques qu'il fait le point sur la crise démographique au sens large : dépopulation, actuelle et à venir ; sous-fécondité ; aggravation structurelle de la mortalité sous toutes ses formes (maladies du cœur, cancer, sida, tuberculose, etc.) ; recherche des facteurs sous-jacents : alcoolisme, tabagisme, carences alimentaires, pollution, radioactivité ; analyse des conséquences sur le développement biométrique : perte de taille, de poids et de capacité physique des individus, dès le plus jeune âge.

Vient ensuite le tableau des implications de la détérioration de l'état de santé aux âges jeunes, mais surtout chez les hommes au début de la vie adulte : baisse de la sélectivité des conscrits pour l'armée (d'après un rapport remis à la *Douma* en 2002, 20 % des conscrits sont toxicomanes) ; la main-d'œuvre, quant à elle, est touchée par l'absentéisme, les ravages de l'alcoolisme et du tabagisme, et les incapacités mentales et physiques de toutes sortes. On notera un tableau intéressant de l'influence de la pollution chimique dans les principaux sites industriels concernés sur un facteur inattendu : la fréquence des avortements spontanés.

Mais le développement le plus important porte sur le dépeuplement des grands espaces de la Sibérie et de l'Extrême-Orient russe, qui jouxtent les frontières de la Chine du Nord, où vivent plus de 300 millions d'habitants (soit plus du double de la population russe totale). Un tel déséquilibre suscitera d'importants transferts de population, que N. Rymashevskaya chiffre jusqu'à 50 à 70 millions. Ces migrations illégales sont déjà amorcées et font l'objet d'évaluations contradictoires (1 à 5 millions). Face au déficit croissant de population et au besoin de mise en valeur des ressources, comment réagiront les autorités russes ? On envisage déjà que les Chinois deviennent la première minorité ethnique en Russie, et une composante essentielle de la population active. Jusqu'où ouvrir les portes de l'immigration ? Quel statut accorder aux Chinois ? Le gouvernement devra-t-il, à terme, les considérer comme des citoyens à part entière, les intégrer dans l'armée et dans le gouvernement central ? Préparer des concessions territoriales ?

Une réflexion novatrice sur la relation entre démographie et stratégie.

Jean-Claude CHESNAIS

GAULLIER Xavier, *Le temps des retraites. Les mutations de la société salariale*, La République des Idées, Le Seuil, 2003, 95 p.

Ce livre court mais dense replace l'importante question de la réforme des retraites dans une perspective large, celle de la réorganisation des temps sociaux.

Lorsqu'il est question de retraite, l'approche comptable est souvent privilégiée ; elle conduit à une focalisation sur les trois paramètres permettant de rééquilibrer le système de répartition, à savoir les cotisations, les prestations et l'âge de départ. À un autre niveau, les débats portent également sur les contraintes et les mérites respectifs des systèmes de répartition et de capitalisation. Or, selon X. Gaullier, ce qui importe véritablement, c'est de considérer les conséquences sur l'ensemble de l'existence de la transformation de la retraite. En effet, celle-ci n'est plus, comme auparavant, un risque, elle ne représente plus une courte période de la vie et elle n'est plus caractérisée par des moyens limités (le revenu des retraités diffère peu de celui des actifs). L'auteur rappelle que, aujourd'hui, « "la vieillesse" est davantage associée au grand âge qu'au départ à la retraite ». Une approche globale de la transformation de la retraite est d'autant plus nécessaire que « toute modification des règles d'attribution [des] pensions implique de nouveaux arbitrages entre revenu et temps libre, entre temps de travail et temps hors travail, ainsi qu'entre les divers temps sociaux (familial, professionnel, de formation,...) sur l'ensemble de l'existence », elle-même plus longue puisque l'espérance de vie ne cesse de croître. Chaque personne est dès lors conduite à gérer des temps d'activité et d'inactivité (« la retraite devient une "banque du temps" », selon l'expression de Gosta Rehn). Un nouvel âge est au demeurant apparu – les 50-70 ans – qui se distinguent notamment par leur situation face à l'emploi mais aussi par des aspirations nouvelles. Xavier Gaullier restitue en réalité la question de la retraite dans le cadre large de ce qu'il appelle la « société longévitale ».

Tout le monde s'accorde à reconnaître que le système des retraites est en crise même si les solutions proposées diffèrent. L'allongement de la durée de la vie et le passage à la retraite de la génération du *baby-boom* vont, d'ici 2040, faire croître considérablement la pression des inactifs (il y aura alors 83 retraités pour 100 actifs contre 44 aujourd'hui). Dans ce domaine, « au catastrophisme démographique, répond, en économie, l'optimisme de ceux qui voient dans la productivité une solution suffisante ». Les 50-70 ans sont certes ceux qui subissent « la double déstabilisation des fins de carrière et de la protection sociale » mais, si ce groupe d'âges doit faire l'objet d'une attention particulière, ce sont aussi les modalités par la société française de la gestion des âges dans son ensemble qui sont à reconsidérer. La régulation ne peut se faire exclusivement par un système de préretraites dénoncé dans son principe mais auquel les entreprises continuent d'avoir recours. On observe aussi, depuis trente ans, un transfert de la préretraite vers chômage. Les « mesures d'âge » appliquées en France ont des effets pervers ; elles ignorent la compétence de chacun, font fi de la transmission d'expérience, etc. L'auteur milite dans ce livre pour une « gestion globale des différents âges ».

Réinventer une nouvelle retraite, c'est notamment s'interroger sur l'imbrication entre temps de travail et de retraite, dans le prolongement de « la révolution du temps choisi », selon l'expression de Jacques Delors. X. Gaullier envisage alors la banque du temps comme une sorte de généralisation de la retraite à la carte et s'interroge sur ce que serait « une société sans âges », anti-modèle de la société des dernières décennies. Il y aurait notamment pluriactivité à tous les âges, celle-ci consistant dans « l'articulation et la combinaison de temps sociaux naguère cloisonnés ». Dans une société sans âges, il y aurait aussi une réversibilité entre retraite et vie professionnelle. L'auteur remarque que la « retraite-événement » tend à être remplacée par une « retraite-processus » ; les seuils disparaissant, chacun doit inventer un nouveau mode de vie, compte tenu de l'évolution du travail mais aussi des changements familiaux. Cette modification des temps sociaux n'est pas propre aux 50-70 ans mais ceux-ci sont aujourd'hui particulièrement concernés, du fait de la crise de la retraite et de la crise de l'emploi (les jeunes sont tout autant confrontés à celle-ci). Le cycle de vie s'est profondément diversifié depuis une vingtaine d'années, sans pour autant se dissoudre, aux yeux de X. Gaullier, « dans une flexibilité généralisée ». Les modalités de la régulation collective deviennent seulement plus complexes.

L'auteur fait aussi constater que les changements actuels concernent certes les temps de la vie mais aussi les identités qui tendent à être plurielles et à ne plus être fondées seulement sur le travail.

Partant d'une réflexion sur la réforme des retraites et sur la « crise » qui la rend nécessaire, l'auteur en vient finalement à aborder les dialectiques du temps et de l'âge ainsi que de l'individu et de la société (aspirations à l'autonomie et contraintes de la régulation collective). Présentant de manière claire les grands enjeux et discutant les voies susceptibles d'être explorées, X. Gaullier apporte ici une contribution importante, en le clarifiant, à un débat qui porte *in fine* sur le contrat social liant entre elles l'ensemble des générations, contrat qui doit satisfaire l'objectif d'équité et l'aspiration à la transparence.

Jacques VÉRON

RILEY James C., *Rising Life Expectancy, A global History*, Cambridge University Press, 2001, 243 p.

Professeur d'histoire à l'université d'Indiana, James C. Riley livre ici une passionnante analyse des facteurs qui ont permis l'accroissement de l'espérance de vie dans la plupart des pays du monde, accroissement particulièrement spectaculaire dans le cas des pays développés. L'auteur s'intéresse à six « tactiques » susceptibles d'expliquer la baisse de la mortalité : la santé publique, la médecine, l'accroissement du revenu et de la richesse, la nutrition, les comportements et l'éducation.

L'humanité a connu, entre 1800 et aujourd'hui, une augmentation considérable de l'espérance de vie à la naissance puisqu'elle est passée de moins de 30 ans à environ 67 ans : c'est ce que l'on appelle la transition de la santé. La courbe de survie a connu une « rectangularisation » et l'on s'interroge aujourd'hui sur l'existence d'un âge limite. Si des incertitudes pèsent sur l'avenir de l'espérance de vie (que se passera-t-il en Afrique notamment ?), on ne peut pas pour autant considérer que la baisse généralisée de la mortalité – baisse passée ou en cours – s'explique partout par les mêmes raisons. Une incertitude pèse aussi sur les rôles respectifs des différentes tactiques dans l'amélioration de la santé des populations. *A priori*, on peut se demander si certains facteurs jouent un rôle déterminant, ou, au contraire, s'il existe toutes sortes de configurations pouvant conduire au même résultat. Dans certains cas, il pourrait s'agir de la nutrition, dans d'autres de « la modernisation » (mais le concept est alors à préciser), dans d'autres encore de l'éducation qui peut conduire les parents à moins accepter le caractère fatal des maladies, etc. J. C. Riley accorde à ce propos une large attention à la théorie de

McKeown (*The Modern Rise of Population*, 1976) selon lequel c'est « la modernisation », dans son acception économique, qui, du fait de l'accroissement du niveau de vie et de l'amélioration de la nutrition qui en découle, a permis à la mortalité de baisser. L'auteur examine aussi la théorie de la transition épidémiologique d'Abdel Omran (1971), les travaux de W. H. Mosley et L. C. Chen, privilégiant une approche multi-causale, ceux de C. Murray et A. Lopez, etc.

Le concept de transition sanitaire est plus large que celui de transition épidémiologique. Et c'est bien à la santé et aux conditions de son progrès que s'intéresse J. C. Riley. Il rappelle que l'on peut « agir » sur la morbidité et la mortalité de diverses manières, en évitant une contagion, par la prévention (vaccination), par le traitement et, si la maladie ne peut pas vraiment être soignée, en la « gérant » (piqûre d'insuline dans le cas du diabète, par exemple), alors que l'on se contente parfois d'expliquer la baisse de la mortalité par les progrès de la médecine et de l'hygiène considérés comme formant une seule et même chose.

L'examen successif des six tactiques convainc l'auteur qu'elles ont joué des rôles variables. Il constate aussi que, à l'échelle des pays, et dans certaines des régions d'un même pays, la variété l'emporte sur les similarités. À une théorie de facteurs dominants, J. C. Riley préfère la théorie de la redondance : il peut y avoir – et il y a – différentes et même de nombreuses façons d'atteindre un même niveau de survie et divers facteurs combinent leurs effets, alors que l'action d'un seul pourrait suffire à expliquer la meilleure santé d'une population.

Très documenté, exposant les théories et les évolutions réelles avec précision et clarté, fournissant une très abondante bibliographie, *Rising Life Expectancy* ne peut qu'être un livre de référence pour les démographes mais aussi pour ceux qu'intéresse cette révolution qu'a connue l'humanité au cours des deux derniers siècles.

Jacques VÉRON

Revue publiée avec le concours du Centre National de la Recherche Scientifique (France)

ISSN 0769-3362

Administration et abonnement

Librairie Générale de Droit et de Jurisprudence,
   31, rue Falguière F-75741 Paris Cedex 15
   Tél. : 01.56.54.16.00 Fax : 01.56.54.16.49

Secrétariat de rédaction

Ressource pour la Recherche Justice,
   54, rue de Garches, F-92420 Vaucresson
   Tél. : 01.47.95.98.66 Fax : 01.47.95.98.63
   e-mail : lesavre@ext.jussieu.fr

Au sommaire du numéro 53-2003

Dossier
Actualités constitutionnelles de la construction européenne
coordonné par Hugues Dumont et Pierre-Paul Van Gehuchten

Hugues Dumont, Pierre-Paul Van Gehuchten : *Présentation*

Jean-Marc Ferry : *Dix thèses sur « la question de l'État européen »*

Hugues Dumont : *La question de l'État européen du point de vue d'un constitutionnaliste*

Pierre-Paul Van Gehuchten : *La question de l'État européen, le juriste et la ruse de la construction communautaire*

Maurice Guerrin : *La libre concurrence à l'épreuve des libertés individuelles*

Pierre-Paul Van Gehuchten : *Secteurs publics et droit communautaire : quelle constitutionnalisation, de quelles entreprises publiques ?*

Études

Mauricio García-Villegas: *Symbolic Power without Symbolic Violence ? Critical Comments on Legal Consciousness Studies in USA*

Jérôme Pélisse : *Consciences du temps et consciences du droit chez des salariés à 35 heures*

Benoit Bastard, Laura Cardia-Vonèche, Viviane Gonik : *Judiciarisation et déformalisation. Le « Groupe H » et le traitement institutionnel du harcèlement psychologique*

Chronique bibliographique

CAHIERS QUÉBÉCOIS DE DÉMOGRAPHIE

Sommaire du volume 31, no 2   Automne 2002

Michel PROST, Gilles BOËTSCH et Monique REVOL

Enfants naissants et enfants utiles. Le cas de la montagne briançonnaise à l'Époque moderne (XVII-XIXes siècles)

Mario BOLEDA et Enrique TANDETER

Dynamique démographique dans les Andes centro-méridionales

Robert BOURBEAU

L'effet de la « sélection d'immigrants en bonne santé » sur la mortalité canadienne aux grands âges

Dominique AGOSSOU

Effet de l'immigration internationale sur le vieillissement de la population des régions métropolitaines et non métropolitaines du Canada

Abonnements

Adresse : Association des démographes du Québec, C. P. 49532, CSP du Musée, Montréal, Québec, Canada H3T 2A5 (paiement à l'ordre des Cahiers québécois de démographie). Prix :

Un an   Canada : 25 $ CAN (individus), 40 $ CAN (institutions)
(2 numéros)   Étranger : 35 $ US (individus), 45 $ US (institutions)

Prix au numéro Canada : 15 $ CAN. Étranger : 20 $ US

Renseignements supplémentaires : Marc Tremblay, Directeur des CQD, Université du Québec à Chicoutimi, 555, boul. de l'Université, Chicoutimi (Qc), Canada G7H 2B1. Tél. (418) 545-5011, poste 6554; téléc. (418) 545-5518. Courriel : marc_tremblay@uqac.ca.

REMI VOL.19 N°1- 2003

Coordination : **Michelle GUILLON**
et **Marco MARTINIELLO**

2003 - Vol.19 - N°1
ISBN 2-911627-33-4

Ali **Bensaad** : Agadez, carrefour migratoire sahélo-maghrébin

Philippe **Pierre** : Mobilité internationale des élites et stratégies de l'identité

Emmanuelle **Santelli** et Beate **Collet** : Comment repenser les mixités conjugales aujourd'hui ? Modes de formation des couples et dynamiques conjugales d'une population française maghrébine

Corinne **Mélis** : Nana-Beurs, Voix d'Elles-Rebelles et Voix de Femmes. Des associations au carrefour des droits des femmes et d'une redéfinition de la citoyenneté

Hanna **Devarenne-Megas** : Psychopathologie et insertion sociale des migrants polonais en France

Kira **Kaurinkoski** : Les Grecs de Mariupol (Ukraine). Réflexions sur une identité en diaspora

Juan Manuel **Romero Valiente** : La migración dominicana hacia España : factores, evolución y desarrollo

Marie **Mc Andrew** et Coryse **Ciceri** : L'enseignement des langues d'origine au Canada : réalités et débats

Notes de recherche :

Marnia **Belhadj** : Choix du conjoint et stratégies matrimoniales de jeunes femmes françaises d'origine algérienne

Saadia **Elhariri** : Les Marocaines au cœur d'un nouveau circuit d'échanges marchands : entre ici et là-bas

Graham **Jones** : Le trésor caché du *Quartier indien* : esquisse ethnographique d'une *centralité minoritaire* parisienne

REVUE EUROPEENNE DES MIGRATIONS INTERNATIONALES - REMI
MSHS - 99 avenue du Recteur Pineau
86000 POITIERS CEDEX
Tél.: 05 49 45 46 56 - Fax : 05 49 45 46 68
remi@mshs.univ-poitiers.fr
http://www.mshs.univ-poitiers.fr/migrinter/remi.htm

Revue française de sociologie

publiée avec le concours du
CENTRE NATIONAL DE LA RECHERCHE SCIENTIFIQUE
et de l'INSTITUT DE RECHERCHE SUR LES SOCIÉTÉS CONTEMPORAINES

59-61, rue Pouchet 75849 Paris Cedex 17 – Tél. : 01 40 25 11 87 ou 88

JANVIER-MARS 2003, 44-1   ISBN 2-7080-1044-1

Scènes et musiques

La stratification sociale des goûts musicaux	Philippe COULANGEON
Chanteuse de jazz	Marie BUSCATTO
Fêtes techno : l'exception franco-britannique	Laurent TESSIER
La communauté théâtrale	Serge PROUST
Les dramaturges est-allemands et la Réunification	Laure de VERDALLE

LES LIVRES

Abonnements / Subscriptions :
L'ordre et le paiement sont à adresser directement à :
Please send order and payment to:
Éditions OPHRYS BP 87 05003 GAP cedex France
04 92 53 85 72

France :
- Particuliers :   70 € (4 numéros trimestriels)
- Institutions :   80 € (4 numéros trimestriels)
- Institutions : 100 € (4 numéros trimestriels + supplément en anglais)
- Étudiants :   52 € (4 numéros trimestriels)

Étranger/Abroad :
100 € (4 numéros + supplément en anglais/
four quarterly issues + the English selection)

Vente au numéro / Single issue
Le numéro trimestriel / for each quarterly issue : 22 €
La sélection anglaise / for the English selection : 30 €

LES ÉDITIONS DE L'INED

Fondé en 1945, l'Institut national d'études démographiques est un établissement public de recherche. Il regroupe aujourd'hui plus d'une soixantaine de chercheurs qui effectuent de nombreux travaux, théoriques ou appliqués, en démographie. Ils développent des relations entre cette discipline et les autres sciences humaines et sociales : économie, sociologie, génétique, biologie, histoire, géographie, mathématiques...

NOS PUBLICATIONS

Les périodiques
Population, revue bimestrielle, en français et en anglais
Population, numéros thématiques
La situation démographique de la France
Population & sociétés, bulletin mensuel

Les collections
Les Cahiers de l'Ined
Manuels
Classiques de l'économie et de la population
Études & enquêtes historiques
Méthodes et savoirs
Données statistiques
Hors collection
Aidelf

POPULATION : ÉDITION FRANÇAISE ET ENGLISH EDITION

Depuis 2002, les 5 livraisons annuelles de *Population* sont disponibles en français et en anglais. Veillez à bien préciser l'édition choisie sur le bon de commande

Vente au numéro	France	Étranger
• Population – Édition française	20,00 €	22,00 €
• Population – English Edition	20,00 €	22,00 €
Abonnement d'un an (5 livraisons par an)	**France**	**Étranger**
• Population – Édition française	75,00 €	82,00 €
• Population – English Edition	75,00 €	82,00 €

Tarifs au 1er janvier 2003

BON DE COMMANDE AU VERSO

À renvoyer aux ÉDITIONS DE l'INED,
133, bd Davout, 75980 PARIS Cedex 20, France
ou par Fax : 01 56 06 22 37

Nom ....

Adresse ....

....

....

Veuillez m'adresser

. LE CATALOGUE ☐

. POPULATION (précisez l'édition)

☐ *ÉDITION FRANÇAISE* .... abonnement(s) pour l'année 2003

☐ *ENGLISH EDITION* .... abonnement(s) pour l'année 2003

Ci-joint la somme de ....

☐ Par chèque, à l'ordre de l'Agent comptable de l'Ined

☐ Par virement bancaire
   à la RGFIN PARIS SIÈGE n° 30091 75200 20003000675 44

☐ Par carte bancaire

Porteur : Nom, prénom ou raison sociale

....

Tél. .... Adresse ....

....

☐ Visa   ☐ Mastercard   ☐ Eurocard   ☐ Carte bleue

N° ....

Date d'expiration ....

Date et signature du **titulaire de la carte**